中华先贤人物故事汇

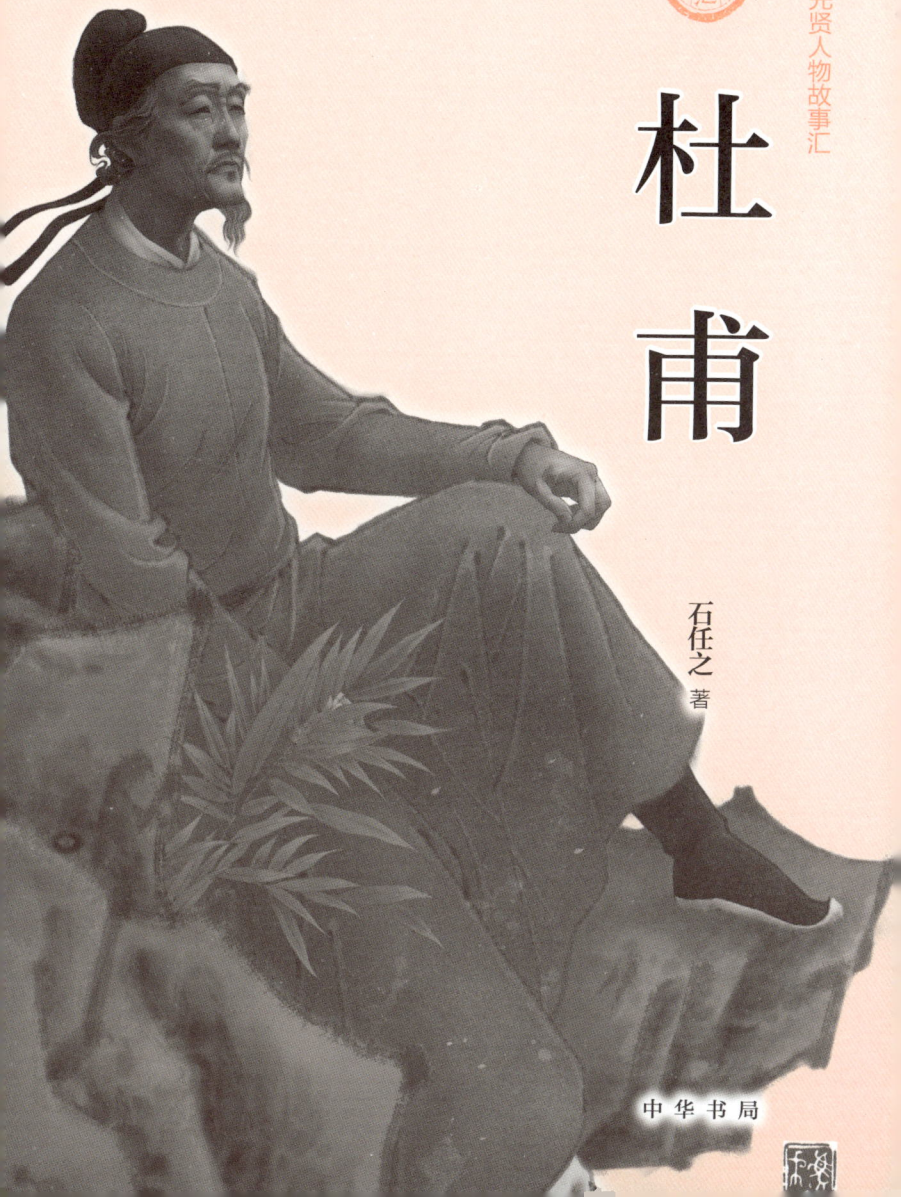

杜甫

石任之 著

中华书局

图书在版编目（CIP）数据

杜甫/石任之著. —北京:中华书局,2023.6(2024.3 重印)
(中华先贤人物故事汇)
ISBN 978-7-101-16021-5

Ⅰ.杜… Ⅱ.石… Ⅲ.杜甫(712~770)-生平事迹
Ⅳ.K825.6

中国版本图书馆 CIP 数据核字(2022)第 230936 号

书　名	杜　甫	
著　者	石任之	
丛 书 名	中华先贤人物故事汇	
责任编辑	董邦冠	
责任印制	管　斌	
出版发行	中华书局	
	(北京市丰台区太平桥西里 38 号　100073)	
	http://www.zhbc.com.cn	
	E-mail:zhbc@zhbc.com.cn	
印　刷	三河市宏达印刷有限公司	
版　次	2023 年 6 月第 1 版	
	2024 年 3 月第 3 次印刷	
规　格	开本/787×1092 毫米　1/32	
	印张 4⅞　插页 2　字数 50 千字	
印　数	6001-8000 册	
国际书号	ISBN 978-7-101-16021-5	
定　价	20.00 元	

出版说明

　　孔子周游列国，创立儒家学说；张骞出使西域，开辟丝绸之路；书圣王羲之，留下了曲水流觞的佳话；诗仙李白，写下了"举头望明月，低头思故乡"的名篇；王安石为纠正时弊，推行变法；李时珍广集博采，躬亲实践，编撰医药学名著《本草纲目》……

　　这些杰出的历史人物，有的是在中华民族文明进程中做出过突出贡献、对后世产生过巨大影响的思想家、政治家，有的是对中华优秀传统文化的传承传播发挥过重大作用的文学家、艺术家、科学家，有的是为国家安定统一、民族融合团结和中外文化交流做出过杰出贡献的军事家、外交家……他们为中华民族的繁荣发展做出了伟大的贡献，他们的行为事迹、风范品格为当世楷模，并垂范后世。

他们是中华民族的先贤人物。他们的思想、品德、事迹，是中华优秀传统文化的结晶；他们的故事，是对中华民族的禀赋、特点和气质最生动、最鲜活的阐释；他们的名字，在五千年中华文明史上最为光彩夺目；他们为五千年中华文明史书写了最为光辉灿烂的篇章。

为了解先贤，走近先贤，我们精心组织编写了这套《中华先贤人物故事汇》丛书，以翔实可靠的史料为依据，细腻动人的故事为载体，真实地呈现中华先贤人物的事迹、品格和精神风貌，彰显他们的贡献和功绩，激发人们对国家民族的热爱，对中华文明、中华优秀传统文化的崇敬。

开卷有益，期待这套丛书成为你的良师益友。

目 录

导　读

　　如果说中国历史上有一位诗人称得上"最伟大"，那一定是杜甫。

　　杜甫字子美，河南巩县人，祖籍湖北襄阳。他自称杜陵布衣，或少陵野老。他的父亲杜闲做过兖州令，祖父是有名的诗人杜审言，十三世祖则是更为知名的东晋名将杜预。所以他一生都有一个重振家声的理想。青年时期曾漫游吴越，在齐鲁之地与李白、高适等有过交游。后来困居长安十年，因为献《三大礼赋》，引起唐玄宗的注意，但一直没有得到很好的机会。安史之乱爆发以后，杜甫虽然一度被叛军抓回困在长安城，但竟然九死一生地找到机会脱身，追随唐肃宗，因此得到了一个左拾遗的官位。正当他雄心勃勃想要实现"致君尧舜上，再使风俗淳"的理想之时，因为上疏救友人房琯的事，引起肃宗震怒，被外放到华州做司功参军。后来杜甫放弃了官职，迁徙到秦州、同谷，又移居成都，在浣花溪边造了一个草堂，终于难得地过上了短暂的安逸日子。旧友严武做西川节度使的时候，他曾在其幕中，严武上表为他谋得了检校工部员外郎的官职，因此后世称他为"杜工部"。到了唐代宗大历年间，他携家离开蜀地，病卒于湘江舟中。他的作品编为《杜工部集》，一千余年，传诵不衰。

杜甫诗歌与李白齐名，人称李杜。他之所以被尊为诗圣，是因为他在各种体式的诗歌创作上都达到了极高的成就，同时在诗中始终贯穿着对传统儒家道德理念的执着追求，从而形成了其沉郁顿挫的诗学风格。他的诗被称为"诗史"，因为他的诗笔从诸多方面表现了社会动荡时期的点滴，《哀江头》写长安在安史之乱战火洗劫后萧条的景象，《三吏》《三别》写战争带来的征戍对人民的摧残，《忆昔》二首对比昔日的全盛与眼下的凋敝，《诸

将》写边患未除绥定为难深责诸将不力战……这些
诗篇广泛而真实地反映了战争带来的动荡与人民的
疾苦，成为后代知识分子以诗歌关心时事的典范。

　　但杜甫的诗并非都是忧时怀君的作品，在诗歌
内容上无所不包。郑振铎说："他的诗为最足以见
他的性情及行为的，中国的诗人没有一个能够如他
一样可于其诗中求其详细的生平及性格的。"杜甫
是一个真诚而用情极深切的诗人，越读他的作品，
便越能感觉到他那些极高明的技艺之外，那个伟
大的灵魂。诗圣杜甫，已经成为中国传统诗歌的
图腾。

快意八九年

天宝三载（744）夏，熏风时至，日光穿过庭树，投在案上，照着书镇下的笔迹。微风吹起一角，露出几行字："屏开金孔雀，褥隐绣芙蓉。且食双鱼美，谁看异味重……"

杜甫啜了口茶水，继续收拾旧稿新作，耳边的蝉声渐渐化作酒席宴上不绝于耳的笑语："这一味逡巡酱实在新鲜，宋国公做这道菜，是要亲自看着宰杀炮制的……"

天宝三载是个寻常年份。此时海内升平，四夷宾服，史传所记不过是贺知章病逝，岑参中了进士第，安禄山做了平卢、范阳节度使……

在杜甫出生那一年登基的李隆基，也就是后世所说的玄宗皇帝，如今已经六十岁了。这年正月，他改年为载，此后不称天宝几年而是天宝几载。

勤勉多年的玄宗厌倦了往返两京处理政务。李林甫善于揣摩上意，几年前便以增加赋税、官买民粮的方法增加关中蓄积，使玄宗不再因长安少粮不得已"就食东都"。此举不免伤到民生，却得天子欢心。于是玄宗闲来对一贯宠信的高力士说："朕不出长安近十年，天下无事，朕欲高居无为，政事就交给李林甫了，如何？"高力士代玄宗设想："天子巡狩是古制，而且执掌天下的权柄不可轻易给别人，否则对方威势既成，还有谁敢说什么呢？"玄宗闻言很是不快，高力士连忙谢罪，此后再也不敢谈论政事。而这改年为载，直到安史之乱后收复两京，肃宗回到长安的乾元元年（758），才又改了回来。两次改动，微有历史的讽意。

这数年在东都，杜甫与驸马郑潜曜等显贵多有交往。达官贵人的宴席无论怎么豪奢，总要有人出言赞叹，方能压人一头。于是便有自愿为主人扬名的宾客，临席持杯，百般夸耀菜品。前日宴席上，有人便大谈起宋国公李令问饮馔之道。作为当今天子登基前的故交，李令问虽然恩宠盛隆，却不去干涉时政，这一点为世人称道。不过后人提起他的奢豪，则不免微词，说他甚至有炙驴罂鹅之类的残忍菜式。"如此自奉，大约也是为了避祸。可是，"杜甫摇了摇头，"还是太过奢侈了。"

舞袖歌喉固然美妙，可那裙裾联翩、起坐喧哗的热闹，还不如小院的蝉声悦耳。"杜二性子转了呢。"他笑了自己一句，"若少年的我与今日的我相遇，只怕也是互不相识。"

开元二十三年（735），二十四岁的杜甫漫游吴越回来，是为了参加科举。那一年正月，当今天子驾临东都，所以进士科考试在东都崇业坊福唐观举行，主考官是颇有眼力的考功员外郎孙逖。

唐代士人读书明经史、游历长见闻，并不回避对功名的追求。杜甫二十四岁应试的时候自觉功名唾手可取，可惜当时文章未臻老熟，未能及第。不过他那时少年气盛，一次失意倒也不放在心上，只当是主考遗漏了自己这颗明珠，转年又兴致勃勃地去齐赵漫游了。

那时父亲杜闲正在做兖州司马，他前去省亲，眼中的浮云与渤海、泰山相接，旷野平原，东向见青州，南向见徐州，苍茫开阔，别有一天地。而想象之中，峄山秦始皇东巡纪德的刻石，曲阜鲁恭王灵光殿的旧址，那好像存在于传说中的遗迹，如在目前，催发了《登兖州城楼》一诗：

> 东郡趋庭日，南楼纵目初。浮云连海岱，平野入青徐。孤嶂秦碑在，荒城鲁殿馀。从来多古意，临眺独踟蹰。

而这段让人难忘的齐赵之游，诸作中最为后世传诵的，当属《望岳》：

> 岱宗夫如何，齐鲁青未了。造化钟神秀，阴阳割昏晓。荡胸生层云，决眦入归鸟。会当凌绝顶，一览众山小。

在山东，杜甫结识了监门胄曹苏预（后避唐代宗讳改为苏源明）。苏预出身贫苦，却勤奋好学，是个嚼得菜根也饮得美酒的妙人。他陪着杜甫，春天到邯郸古城登上赵国赵王的丛台，登临歌咏；冬天到齐景公曾经畋猎过的青丘，逐兽呼鹰。

杜甫还记得那次打猎，皂荚枥树林中，他一箭射下一只大鸟，顾盼间只见苏预伏在马上大笑，盔上的一穗红缨晃个不停："有你这良将葛强，我就做得了镇南将军山简啦！"杜甫也笑："我是比不了并州儿，但兄必不输山公。还不快快摘了盔甲，换上白接䍦。"苏预笑声更响，纵马向前，渐渐没入远处："青丘古地，可是有四足九尾的青丘狐的，且看谁能猎得！"

山简是西晋时的名士，竹林七贤之一的山涛之子。永嘉三年（309）山简镇守襄阳，部将葛强是并州人，素负勇武之名，常常陪着他饮宴打猎。两人即是借此调侃。壮游见识的山水、结交的挚友，让杜甫眼界开阔。可归来后富贵丛中的见闻，却让他渐渐觉出不惬——这世间的富贵尊荣，不该只为了一己享乐。

有人叩门，檐下休息的小僮起身应门，隐约听到门外人问："可是杜宅？"片刻后，小僮带进来一封书信，妻子杨氏接过，轻轻放在案上。杨氏开元二十九年（741）嫁给他后，夫妻相处颇为融洽。杜甫年少时酷好四方游历，婚后与妻子相对时，倒也觉得温馨安宁。杜甫打开书信一扫，微微怔住："与太白兄的梁宋之游恐要推迟了，我要先回一趟汴州。"妻子捕捉到那一刹的表情变化："郎君，怎么了？""太夫人……离世了。"

去世的是杜甫的继祖母卢氏。算上这位太夫人，杜甫这几年已接连送走了数位亲人。先是开元二十九年父亲去世，他料理完后事，把荫补的机会留给了弟弟杜颖，这让继母很是欢喜。新婚的杨氏未曾问过丈夫为什么要让，现在也无须问，想来这就是杜氏的门风、杜甫的性情。"我有咏凤凰的诗笔，"她听丈夫这样说过，"一定能不坠素业家声，其他的，无须忧虑。"

杨氏看向杜甫，眼神中略含担心。数年夫妻做下来，她深知他虽然好交游，自负大才，却最是重情。送走父亲后的转年天宝元年（742），他的二姑母在东都仁风里去世了，后来迁葬于河南县平乐乡。杨氏还记得，传来姑母亡故的消息时，一贯气度从容的杜甫送走报信人，转身便滚下热泪来。他很快推掉那些日的邀约，一定要亲自送姑母的灵柩回去。那时，杨氏依然没有问杜甫为什么要对姑母如此尽孝，只是亲手为他收拾衣物，低声嘱咐小僮出门雇脚力。临出门前，杜甫心绪平静了些，似乎是向妻子解释，又似乎是自语："我还不记事的时候便没了母亲，是姑母抚养我长到六七岁。后来听家里的老仆说，我四五岁的时候生了场大病，恰恰姑母的儿子也生了病。有人问女巫怎么被除不祥，女巫说房子的东南角对病人吉利。姑母她，她把幼子的床从东南角迁出，将我安置在那里，我因此得以存命，她的儿子却没了……"

杜甫也恍惚记起他讲完童年旧事后，突然站起来："姑母的谥号，应该定作义！当年鲁义姑也是这样的德行。"鲁义姑是春秋时鲁国的农妇。齐国进攻鲁国，她丢下自己的孩子，拼命保护兄长的孩子，齐军将领见区区一个农妇都有舍己为人的襟怀，认为鲁国不可侵犯，便撤兵回国。

做济王府录事的姑父裴荣期专程回来治丧，见到穿着丧服的杜甫，且悲且感。下葬的时候，姑父抚摩着墓碑，念着杜甫写的墓志铭"铭而不韵，盖情至无文"，向前来帮忙的亲旧介绍道："这便是内侄杜子美。"一位老者听后惊讶又感慨："那不就是当年孝童的侄子么？果然勤于孝义！"他本来便因姑母离世伤心，再听到老者提到叔父，泣涕如雨，答道："不敢当孝义之名，姑母待我有再生的恩德，怎能不回报呢？"

老者提到的孝童，就是杜甫的二叔杜并。武后圣历元年（698），祖父杜审言被贬为吉州司户参军，杜家发生了一件士民震动、流传至今的事。杜审言平生颇为自负，口无遮拦，到了吉州故态不改，得罪了上司。吉州司马周季童听了司户郭若讷的挑唆，把杜审言抓起来，准备杀害。杜并当时不过是十五六岁的少年，居然只身一人潜入宴会，从怀中抽出利刃重创周季童，自己则被其左右击杀。周司马临死时说："没想到审言有这样的孝子，郭若讷误我至此。"杜并以一己的孝勇，救下了行将就戮的父亲，也为杜氏家族添了一种神奇的色彩。

去世的亲长，无论有没有机缘见过，杜甫一一记得他们的持守与荣光。他把近作整理成一叠，收到橱中。橱中另一叠旧稿，是他为远祖杜预、外祖父、外祖母等做的祭文。这样的家世与家人，怎不令人自豪呢？而如今，长辈凋零，自己亲历盛世，杜氏的声誉，将要由他来光大了。

辛勤不见华盖君

　　四围青山相拱，天坛一峰兀起。王屋山虽不算极险峻，但山间少人行处涧水清如空影，松风劲若奔涛，别有趣味。天地间一片萧然，远处隐隐传来的似乎是山兽的吼啸声。

　　"那是犀牛。"向导望向西南方，肯定地向两位行客说道。这位雇来的向导是山脚下的农户，姓王，行四，三十来岁，中等身材，质朴中透着点狡黠。他走得很快，往往走几步停一会儿，等着后面两位跟上。

　　"这山中有犀牛？"李白兴致颇高，"十九年前我自蜀地出游，到了江陵，恰逢回天台山途中的司马炼师，领略过他的高论和奇言。炼师道我有仙风道骨，哈哈，虽然未免俗尘，而一点道心从此种下。若能常入名山寻仙，千里万里何足为遥。"

杜甫接道："'此二禽已登于寥廓，而斥鷃之辈，空见笑于藩篱。'太白兄的《大鹏遇稀有鸟赋》，流布人间久矣。"

李白点头："是了，当年作此赋以自慰藉，子美竟也读过。可惜年轻时不能尽知宏达之旨，更可惜九年前司马炼师已经羽化登仙，弃我辈于人世。我与丹丘子誓老云海，志不可夺。如今周求名山，得偿夙愿。"

王四在一边听得目瞪口呆："啊呀，今年是天宝三载，十九年前……先生竟是司马老神仙的旧识！定然也是位神仙！"嗟叹一番后，他又带上几分羞赧之色："啊呀，当着神仙的面竟然扯了谎，您怕是已经识破了。这山里哪有犀牛，不过是些个黑熊、灰狼、山猪罢了。"

杜甫笑道："你倒不如说有黄熊。"相传鲧在羽山被尧诛杀后，其神魂化为黄熊，进入羽渊之中。王四虽听不懂典故，也知道杜甫在与他开玩笑，黝黑的面庞上竟涨出了一点红晕。

这年夏天，大名鼎鼎的大诗人李白在洛阳见到了杜甫，两人一见如故，约好了一同访道求仙。所谓炼师，就是指道士中那些德高思精之人。而李白提到的司马炼师，乃是上清派第十二代宗师司马承祯，陶弘景的四传弟子，有唐一代大大有名的道士。唐朝奉道教为国教，信重博达清修的道士，则天武后、睿宗、玄宗都曾召见过他，玄宗对他尤为敬重，呼为道兄。甚至玄宗皇帝在开元九年（721）受箓做道士，也是请司马承祯做的度师。虽然如此见重于皇室，司马承祯却是一心向道，皇帝几度召见，他几度辞请还山，于是玄宗便让他在王屋山择地建道观以清修。对于王屋山脚下的百姓来说，司马承祯便是最令人膜拜又最可亲近的修行者。李白既然与司马承祯有故，那一定是仙缘极深的了。王四一面继续引路，一面偷偷觑着李白，见他风神出尘飘然若仙，又啧啧称叹起来："到底是神仙，才有神仙拜访。仙君轻易不下山，他的弟子倒是常到山下买米。"

　　王四兴致勃勃地历数王屋山出过的神仙：治理王屋山的清虚真人王褒，王褒的弟子南岳夫人魏华存，方士如于吉，博学如葛洪……最有名的则是王子乔。曹植《善哉行》中所说的"仙人王乔，奉药一丸"，正是这位仙人。王子乔是周灵王的太子，本名晋，字子乔，世称王子晋或王子乔，是为王氏的始祖。王子乔喜欢吹笙，能作凤凰之声。他在伊水洛水之间漫游时，被道士浮丘公接到嵩山上住了三十余年。后来有人在山上找到他，他说："告诉我的家人，七月七日在缑氏山头等我。"到了七月七日，山上众人果然看见王子乔骑白鹤而来，于空中待了数日才离去。因他在王屋山华盖峰悟道，所以又号华盖君。不过李白要寻访的自然不会是周代的王子，而是另一位隐者旧识，因他也在华盖峰上修行，世人有时以华盖君代称。

李白对道家典籍颇为熟悉："《真诰》记载，周灵王有子女三十八人，其中五男二女得道，真是不可思议的仙缘。司马炼师曾绘《上清侍帝晨桐柏真人真图赞》一卷，为之图画赞颂。唉，纵使仙路渺渺，也应高蹈世外栖迹山林，岂可久困于人世呢。我意已决，向司马炼师讨教几味丹方后，便去临淄郡紫极宫请高天师授箓。子美，可同去么？"授箓如同佛家的剃度，乃是成为道士的仪式，李白一直有慕仙向道之心，这是决意修行了。

杜甫答道："未必能观礼，不过齐鲁是我旧游之地，与太白兄同去，倒也便利。"

"翠微庵还有孙真人的遗物。常有人去为家里病人祈祷，若是有缘见到孙真人显圣，不管多重的病，三五日便好得爽利。二位若是在山上盘桓几日，不妨去看看，若去的话还请带上小人做向导，有两位先生在，兴许别有奇遇。"王四插口道，随手拨开几根荆条，带二人转向一条小路。他说的孙真人乃是孙思邈，晚岁结庐此山，悬壶济世，其坟至今尚存。

李白见王四说得认真，答道："先访炼师，再寻诸位仙人之迹也不迟。"

王四欣喜点头，不知不觉中到了华盖峰巅。华盖峰在主峰天坛峰前，虽不及天坛巍峨，触目青松奇石，大有神仙府邸高士丘林意趣。虽然在山中，八月午后尚有余热，三人都已微微出汗。王四还穿着葛布短衣，他用衣袖抹一抹额上的汗："沿着这条石阶上去，便是仙君的洞府。小人不敢打扰神仙，告辞了。"

李杜颔首，二人拾级而上。这条路似乎多日未曾打扫，石阶尽头柴扉半闭，门上竟结着一张蛛网。李白推门而入，但见门后茅屋三五间，庭院内有一位须发斑白的道人，见到二人怔了一下，问道："不知二位郎君到此何为？若是求丹方觅灵药，那还请回吧。家师上个月已升上玄。"

李白向前抢了几步："怎么，司马炼师已然羽化了？"又看了看老者，"可是卢郎子？啊呀，你如何老成这般模样？"

老者闻言睁了睁双目："莫不是李家郎君？"

李白道："一别十余载，也已经有白发了。"

老者泪如泉涌："弟子驽钝，学仙无成，原以为将老死山中，不意还能与先师故人相见！"

这位"老者"姓卢，不过四十出头，是司马承祯的弟子。司马承祯逝世后，他与三四个师弟在山中守灵。在卢道人的指引下，李白踏入司马承祯生前的丹室。丹炉薄薄积了一层灰，案几之上摆着生前日用之物，依稀残留着丹药的香气。李白注目良久，走出丹室。夕阳将坠未坠，映得远山一抹橙红，靠近柴门的茅屋内传出诵经声与磬声。

傍晚，卢道人将二人带至峰顶最高处石砌的楼阁："这里是鄙处藏经书之所，家师在时多年营建所成，最为干净整洁，请在此歇息吧。"言罢施礼退出。李白沉默片晌，道："眼前大是佳景。苍崖良夜，不可辜负。子美与我同赏吧。"

二人缓步登上二层，走到窗边。窗外正对着天坛峰，一弯新月亮如银钩，引着天边数颗星辰。远峰朦胧，只剩一团墨影。山谷中不知何处传来一声鹤唳，似乎把山峰墨影晕开了，一时间天朗地阔。

李白朗声长笑："羽族宗长，仙人骐骥，大约是王子乔下来了。方才是我泥于俗情，一死生未必为妄诞。司马炼师年近九旬，童颜轻健，好像是三十多岁的人。炼师此去仙山蓬莱，或许正是赴群仙盛会。我自幼有心向道，而功名之心不息，犹抱一线立功不朽的念头。所以暂弃丹书瑶琴，所愿以我之所能，为君王之辅弼，使天下安定，海内清明，待对君亲应尽的道义尽了，再学范蠡、张良，从此江湖浪游，清风扫门，明月侍坐。可出蜀二十余年，得到的不过是些虚名而已。倒不如早早餐紫

二人缓步登上二层，走到窗边。窗外正对着天坛峰，一弯
新月亮如银钩。

霞，荫青松，驾鸾鹤虬龙，候一朝飞腾。"

杜甫道："太白兄天人之姿，无论申管晏之谈，谋帝王之术，或是游于天地烟景，写大块文章，都从容自如，让人钦羡。"

李白回头看了杜甫一眼："杜二啊，你这年纪，有功名的念头理所应当。我看你对道家典籍甚是熟悉，不如去应道科试一试。"

原来唐代科举的名目很多，因信仰道教的缘故，玄宗专门开设了新的科举门类。学习《道德经》《庄子》《文子》《列子》《庚桑子》等道教经典，也可以参加考试，谓之"道科"。另一位诗人元载累试不第，改应道科后，得授邠州尉。而这年冬天与李白、杜甫同游单县的大诗人高适，也于数年后年近五旬之时，在宋州太守张九皋的推荐下应试道科而中举。可杜甫却始终不肯去考道科。

杜甫道："愚生也驽钝，不敢企盼长生之术，倒颇有意于岐黄。太白兄遍历名山之时若看见瑶草灵芝，可召我同去。"

李白道："子美道心不坚啊。也罢，待我优游云海归来，必当赠故人以金丹。就怕你如嵇叔夜一般，仙缘未到。"说罢大笑。

魏晋时，名士嵇康曾在山林大泽中采药，偶得山林之趣，便怡然忘归，樵夫遇到他，以为是神人。他曾遇到后来成仙的王烈，王烈在山中发现饴糖一样的石髓，自己吃了一半，剩下一半给嵇康。没想到嵇康刚一接过，石髓便凝结成石块。王烈又在石室中看到一卷素书，立刻让嵇康去取，而仙书也旋即不见。王烈于是叹息道："叔夜志向与情趣都不平常，却总是不能遇上仙缘，这是命啊！"

杜甫说道："我二十多岁时，也曾肥马轻裘周游吴越，一时盛气不输五陵少年。而近年颇多惝惝，实在是因为内自不足。恣纵之时，每忆我家当阳君，顿觉悚然，不敢忘本，不敢违仁，也不敢与古人相比，诚以为仙山在远处，君父在近侧。"

李白笑着摇摇头。杜甫所说的当阳君，便是杜氏最知名的远祖，西晋名臣杜预。杜预精于谋略，平吴有功，受封当阳县侯。他博学多通，于律令、政务、历法、农业、水利、建筑等，皆有造诣，因此世号"杜武库"，是杜甫终生仰慕的偶像。

次日晨光未亮，二人向卢道人告辞，沿着昨天走过的旧路下山。走到一条溪边，李白看了看被露水打湿的青鞋，回身望了望华盖峰，又嗟叹了两声："故人生前，不得与之俱归。"

　　两人说话间已到山下。秋收在即，王屋山脚下粟米已熟，风吹处金浪青漪，起起伏伏。小小村落人烟稠密，远远瞧见王四正坐在田埂边百无聊赖地嚼着草茎，赶着鸟雀。王四见到二人不过一夜便下山来，问道："老神仙敢是采药去了么？"

　　李白摆摆手，杜甫随后跟着，低声对王四说了几句。王四捂住嘴巴不敢出声。片晌，王四道："二位先生，到城中还有些路途。家里做了些新粟米饭，不妨用过再走。"

　　两人席地而坐，王四送来些粟米饭，杜甫道谢后接过，望向农田，目光再转向远处大路上来往的行人，不由感喟道："连年仓廪充实，穰穰丰年，沿途村落都可见老者歌童子戏。恐怕尧舜以后的古人，都没见过这样的盛世。我等躬逢，何其有幸！太白兄，真要入道么？"

　　李白点点头："我志决矣。"

杜甫道:"愿君栖烟林,坐松月,终得长生法门。"

　　李白道:"休明盛世,方当壮年。子美,你是儒生,多自勉励吧。"

万事益酸辛

秋雨霖霖。街上久已无车马人喧，只听到雨声时大时小，簌簌潇潇。偌大的长安城，被积水分割成一座座孤岛。雨势大时，水声轰然，只觉四下如狂澜惊涌，仿佛此身就是骇浪中一叶小舟。

骥子还小，趴在廊下，他看着哥哥熊儿撑着把破旧的雨伞蹲在阶旁，吃力地伸出手去抓开得炽烈金黄的决明花，伞倒比人还高。看着两个无忧无虑的稚子嬉戏，杜甫转回头看向妻子杨氏。她从衣橱中抱出几床被褥，仔细挑选："听说如今城里，一床锦被才能换一斗米。"杜甫轻轻叹了口气，上前帮着妻子整理："这是你的嫁妆，换一件吧。"杨氏一边收拾一边道："拿什么换也都一样。平日值不值得是要计较一番，但如今雨下了这么久，米价越来越贵，一家人总要吃饭。幸而天气还不冷，饥寒之间，还是先救饥为是。"

杜甫得子已近不惑之年，所幸杨氏颇有德行，相夫教子，夫妇二人很是融洽。在今年，也就是天宝十三载（754），杜甫终于把妻儿从东都接到了长安。

他到长安已经九年了，父亲去世后，他把田产都留给了继母和弟弟们，生计日渐窘迫。天宝六载（747），玄宗诏令天下"通一艺者"，也就是精通某种学问和本领的人到长安应试，本是网罗人才的意思。想不到宰相李林甫黜落所有应试士子，转身恭喜玄宗"野无遗贤"，这是《尚书》里的话，意思是天下才士已通通入了天子彀中了。李林甫这个人，是长平肃王李叔良的曾孙，精通音律，却不学无术，因为与内侍妃嫔结交而渐渐得到起用。他贺表兄生子，竟把"弄璋之庆"写成了"弄獐之庆"，成为笑谈。想来他也未必就熟读《尚书》，知道用"野无遗贤"的典故，或许是哪个幕僚为他出的主意吧。

玄宗未必相信李林甫的鬼话，然而他用着李林甫顺手，士人的怨言又传不到耳中。长安米珠薪桂，杜甫不得不与钟鸣鼎食之家周旋。他有时给几位王孙贵胄充当宾客，尤其是汝阳王李琎和驸马郑潜曜，宴游之际，诗酒相陪，宾主一时俱欢。只是宾客的欢愉多少不免俯仰随人，这样的日子，消磨了杜甫裘马清狂的意气。为了谋个出路，他给尚书左丞韦济写过《奉赠韦左丞丈二十二韵》，给京兆尹鲜于仲通写过《奉赠鲜于京兆二十韵》，都是乞人援手的诗作。这些诗虽是迫于窘境所作，却仍写得不卑不亢，常常有不平之气流出。如这首《奉赠韦左丞二十二韵》：

纨绔不饿死，儒冠多误身。丈人试静听，贱子请具陈。甫昔少年日，早充观国宾。读书破万卷，下笔如有神。赋料扬雄敌，诗看子建亲。李邕求识面，王翰愿卜邻。自谓颇挺出，立登要路津。致君尧舜上，再使风俗淳。此意竟萧条，行歌非隐沦。骑驴三十载，旅食京华春。朝扣富儿门，暮随肥马尘。残杯与冷炙，到处潜悲辛。主上顷见征，欻然欲求伸。青冥却垂翅，蹭蹬无纵鳞。甚愧丈人厚，甚知丈人真。每于百僚上，猥诵佳句新。窃效贡公喜，难甘原宪贫。焉能心怏怏，只是走踆踆。今欲东入海，即将西去秦。尚怜终南山，回首清渭滨。常拟报一饭，况怀辞大臣。白鸥没浩荡，万里谁能驯。

女儿晃晃悠悠爬到床边拽他的衣襟："阿呀阿呀。"她还不会说话，杜甫轻轻把女儿抱起，放到床中间让她玩耍。雨势渐渐小了，但依然不见白日。杜甫对妻子说："前几日与郑学士相约去家中坐坐，今晚或许不回来了。"杨氏答应着，拣出一把能用的伞："苔深路滑，小心些。"杜甫颔首，孩子们一时围了过来，阿爷阿爷地叫着。杜甫温声道："阿爷明日回来，带饴糖给你们吃。"骥子还不知道饴糖是什么，也跟着哥哥一起拍着手呀呀学语。杜甫撑起雨伞，向院外走去。

"或许要再搬一次家，再不然真到下杜去住好了，种几分桑麻田，或许日子能宽裕些。"杜甫想着，打算回来再与妻子商议。长安的街市上几乎不见行人，杜甫缓缓走着，想起三年前，他曾经看到过的希望。那是天宝十载（751），他已然困顿数年，于是写了《朝献太清宫赋》《朝享太庙赋》《有事于南郊赋》，并做了一篇《进三大礼赋表》，投入了延恩匦（guǐ）。

延恩匦，还是太后武氏摄政时设下的制度。睿宗垂拱二年（686），武则天设置匦使院，设知匦使一人，专门负责受理四方人士的投匦状。事关紧要的当即处理，其余的交给中书省及理匦使，由他们酌情上奏。所谓的匦，是设于四个方向分青、赤、白、黑不同颜色的箱子。凡是想要论时政得失、自陈屈抑、要以谋智进献的人，都可以把文章投到南西北方向的"招谏""申冤""通玄"三个匦中。至于东边的"延恩"匦，则是为有高材而不遇的人所设。杜甫所投的，正是"延恩"。虽然进献文章也是唐代士人谋出身的惯例，但这多少与他的初衷有些背离。可客居长安这些年，眼见着选才授官之路都由李林甫之辈把持着，杜甫对科举一途已是心灰意冷，不得不另辟蹊径。幸运的是，他这三篇赋着实做得好，得到玄宗称许，于是得以待制集贤苑，等候宰相考核，酌情授以官职。杜甫努力了许久，可结果，也不过是得到一个参列选序的资格。

等了这么久，依然不见出头之日。久得就像长安的秋雨，一场接着一场，久到让城中的人快忘了太阳是什么样子。雨中的街坊蒙上一层灰意，让原本不太冷的初秋显出几分凄凉。到了，前面正是广文馆学士郑虔家。这位忘年交出身荥阳郑氏，虽然少时家道中落，但资质超众，又勤勉好学。郑虔练书法时没有纸张，听说慈恩寺里的柿叶多到积满几间屋，便到寺里借僧房居住，每天取出红色的柿叶练习，年深日久，几乎用尽了所有的柿叶。玄宗李隆基见其所进诗书画俱佳，遂题曰："郑虔三绝。"可即便是这样的人物，在长安城内也过得清冷。

小僮进去报知主人，只听得主人笑着亲自迎出："啊呀，子美来啦！一早雨势太大，我还道今天见不到你了。"郑虔已须发皆白，一边急急领着杜甫到厅中坐下，一边催促小僮："快快，今晚吃蝉鸣稻。"小僮答应着，向厨房走去。杜甫道："多日未曾拜访，一来又要叨扰。"郑虔掀髯笑道："子美，几日不见，倒是疏远了。我方才还在念叨，去年秋天大雨，你家人还未到长安，你我一旦得了点微薄俸禄，有枲几斗米的余钱，就沽酒相觅。清夜沉沉秋雨霖霖，你我春酒相劝，灯花映着雨花，别有清趣。你喝醉了跟老夫尔汝相称，哈哈哈，任谁也想不到你这个儒生居然也有如此狂态啊。一秋痛饮狂歌，快哉快哉！"

杜甫也笑了，愁苦一时消散了些。他掸了掸半旧的青毡坐下："多亏了苏司业，不然莫说灯烛，就是饱暖也难得。"苏源明是国子监司业，职在协助祭酒教授生徒。他也是郑虔的老友，深知郑虔的脾气和家境，时不时接济一二，才使得这两位儒生有醉饱的良夜。就连榻上这条青毡，也是苏司业送来的。

"今年又是秋雨连绵，理应做长夜之饮。但只恐今年的收成……城内米价已经开始涨了。去年秋天大雨成灾，长安米贵，朝廷拨出十万石米出粜，平民赖此为生，你我也多亏了这些太仓米。听说圣人担忧连日阴雨伤了五谷，屡屡询问。杨国忠为了欺瞒圣人，找来几棵长势好的稻子进献上去，说今年雨水虽然多，但谷物没有受到损伤。如此明目张胆的欺瞒，圣人居然信了。"

"几次出城，看到的都是妇哭孩啼，田间一片狼藉，这么大的雨，怎么可能不伤五谷？圣人早年不但躬耕，还要提醒劝课农桑的官人直接到田垄间劝励，地方官员不得有迎来送往的事。怎么会信了杨国忠？"

郑虔絮絮而语，杜甫听着，只觉心气衰颓，隐隐生出一丝悔意。他在今年夏日，苦闷之中，又往延恩匦里投了《封西岳赋》和《进封西岳赋表》。封禅是件大事。开元十三年（725）玄宗封禅泰山时，一斗米只要十三文，青州齐州地区一斗谷子只要五文。就是长安洛阳两京，一斗米不过二十文，面三十二文，绢一匹二百一十文。确是有生民以来未有的盛世。

而长安士民因未封禅华山，心有不平。先是开元十八年（730），华州父老屡次上表请封华山。王维此时作有《华岳》诗，"人祇望幸久，何独禅云亭"句，也是请封之意。开元二十三年（735），百官再次奏请封禅嵩山、华山，两度请封均不获允。直到天宝九载（750），玄宗终于决定十一月封禅华山。然而这年三月华山庙失火，又逢关内大旱，只得下《停封西岳诏》，暂停了封禅华山。

"此时进献《封西岳赋》，羊鼻公（唐太宗曾戏称魏徵为羊鼻公）定然不赞同，他觉得帝王之德不在封禅。"杜甫想着，"可这真是古人未曾梦见的盛世啊！"为了得到管延恩匦的献纳使田澄的青眼，他还写了《赠献纳使起居舍人澄》一诗，置于集中，只算一首庸常之作。因为私交不甚深，所以小心请托，远不如奉赠韦济、鲜于仲通的诗文还带有几分真切，更不敢有"儒冠多误身""有儒愁饿死"的牢骚，只在诗末点题"扬雄更有河东赋，唯待吹嘘送上天"。这还是唐人常有的应酬。

但在那表里，他写了句话称颂杨国忠。唉，去年他还写了《丽人行》一诗讽刺杨氏兄妹的奢靡骄横。为了谋得一官，不得已称颂一句，在别人也许没什么，可在杜甫看来，已经称得上含垢忍辱了。

他反复申述自己的希望。在文章里，他又提到了自己有肺病，深恐自己尚未能报答圣主，便已如草木一样零落。

每上一赋，他都要陈说自己的家世、志向，努力言说困境，希望能得到一个机会，一展"致君尧舜上"的抱负。"可要让我做那等拜迎长官鞭挞黎庶的事，我又如何做得来呢？"就像好友高适，在天宝八载（749）及第，授了封丘县尉，可高适到任后，实在忍不了做县尉既要在官长面前低声下气又要催迫百姓，于是弃官做了河西节度使哥舒翰的掌书记。这也是一条路啊，杜甫一时想得有些怔忡。

郑虔拿起杯盏喝了口浆水，觑了觑杜甫的神色，便知道他又把自己逼到角落里，不能自释了。郑虔润了润嗓子，慢慢开口："子美，可知我这广文馆博士为何近日搬去了苏司业那里么？"杜甫摇了摇头："确是不知。"

"天宝初年我做协律郎的时候，闲来无事，汇集本朝之事，写了八十多篇文章。没想到有人偷偷翻了我的书稿，上书告我私撰国史。这天大的罪名压过来，我只能仓皇之间焚尽所写的文章，还为此受多年贬谪。还京后，圣人怜惜，想让我侍候左右，特意开设了广文馆，让我当这个博士。这些，你是知道的。我得了任命，一时意气风发，但不知道在何处办公，便去问故相李林甫。李相大是会做官，绕了一圈话，说圣人开设广文馆是为了扩大国子监的规模，这可是大大的美事，后人若知道从你郑某人开始设广文馆博士一职，你岂不是青史留名么？勉之勉之！我听得晕头转向，任他随意给间屋，也就做了这官。后来大雨浇坏了房舍，几番催促无人修缮，只好去了国子监。现在还有我这个广文馆博士，可没了广文馆啦。"

郑虔说着说着自己倒笑了起来："据说初置广文馆的时候，要起官舍，木材堆积满地，主事的时常搬回家几根自己用，所以盖了几年也没盖成。"

杜甫大是不平："城府深阻，巧言令色，有这样的宰相，真是庙社之忧。"

"哈哈，他还是你那位从弟杜位的妇翁呐！"

"唉，李林甫虽然罢相，却又来了杨国忠，真是让人无可奈何。"

小僮进来报说只剩些韭花了，郑虔叫随意准备饭菜，先端酒来。

杜甫犹豫片晌，终于还是开口了："我近日又写成一赋一表，踌躇得很，不知是否应该再试投一次延恩匦。"

郑虔接过纸轴，展开读《雕赋》："'当九秋之凄清，见一鹗之直上。以雄才为己任，横杀气而独往。梢梢劲翮，肃肃逸响；杳不可追，俊无留赏。'好文辞啊！"

杜甫缓缓吁气："'故其不见用也，则晨飞绝壑，暮起长汀；来虽自负，去若无形。置巢巉嵲，养子青冥。倏尔年岁，茫然阒庭。莫试钩爪，空回斗星。众雏倘割鲜于金殿，此鸟已将老于岩扃。'可是真能一试钩爪么？"

郑虔笑道："你若将老，我岂不是行将就木？"又看了看《进雕赋表》："'伏惟明主哀怜之，无令役役便至于衰老也。'你呀，醉酒之后，连呼儒术无用，圣人与盗跖一样都要化为尘土。我哪里不知道，你是以沉醉自遣，既不是真觉得留名无用，也不是真的贬低儒术，而是真用心于天下。子美啊！岂不闻'用之则行'，真要经纶世务，纵然不同流合污，又哪能不忍受泥沙俱下呢？"

"士不可以不弘毅。"

"唉！吃酒吃酒。"

辛苦贼中来

　　四月，立夏时节，山脚下桃李已经开残，山路愈行愈陡，却渐多艳卉初芳。杜甫拨开山径藤条，看向远处。只见山巅积雪，好像接着青天。而山间积翠生烟，一个个行人，如履浮云。

　　几日取道僻径奔逃，避开间或出没的野兽，更要避开叛贼，他的衣衫早已破烂不堪。然而一看到太白山顶的积雪，他脸上一霎欣喜，一霎恍惚，两行泪水涌出，呜咽中夹着抑不住的笑：凤翔就在眼前了！

　　"冒死脱身二百里。"他笑着望向雪峰，"终于不再日夜愁听胡笳声了。"他突然想起少年读书的时候，《水经注》里提到武功县有太一山，《古文琐语》以为作"终南"，而他最引以为豪的远祖杜预，则认为应该是"中南"二字。所以他记得格外清楚，太一山，也就是眼前这座太白山，终年负雪，即使在夏日，远望山顶仍是皓然莹然，颇有缥缈的仙趣。甚至有传言说，若在山下行军，切不可击鼓吹角，否则疾风骤雨必至。

"这几年风雨已经太多了。"杜甫摇摇头，继续前行。天宝十四载（755），他拒绝了河西县尉的任命，终于换来个右卫率府兵曹参军的官职。前一年他已把家人送到奉先县寄住，十四载冬天去奉先看望妻儿，所见所闻颇为愁苦，便写了《自京赴奉先县咏怀五百字》这首长诗。他当时并不知晓，安禄山已在范阳起兵，即将断送这前所未有的大唐盛世。

天宝十四载十二月十三日，叛军攻占洛阳。十五载（756）正月，安禄山在洛阳称帝，国号大燕。十五载五月，潼关破。六月十三日，玄宗自延秋门逃出长安，次日便发生了震惊天下的马嵬兵变。七月叛军攻陷长安，太子李亨在灵武即位，改元至德，是为肃宗。潼关陷落之时，杜甫身在奉先县西北的白水村，他在鄜州羌村把家人安顿好之后，便义无反顾地奔往灵武，却不幸在途中遭遇叛军，被俘至长安。

至德二载（757）即今年的二月，肃宗到了凤翔。而杜甫，终于逃出沦陷的国都，再次投奔行在。

十余日前，大云寺中。

春夜未深，春月初上，寺内庭院次第掌起灯来。东风拂过，吹得阶前垂柳飘摇，殿角的悬铃叮叮作响。

杜甫将手中的灯笼举起，靠近塔周的壁画。这座七宝塔是大云寺的名胜，塔四周有隋代名家所画佛画。郑法士画东壁北壁，田僧亮画西壁南壁，杨契丹画塔外四壁，称为三绝。杨契丹，正如他的名字昭示的那样，是汉化的契丹人，其画六法备该，骨气充盈。杜甫对他颇为赞赏，认为其画技犹在老友郑虔之上。杜甫现在持灯观赏的，正是七宝塔四周杨契丹所画的《佛本行经》。

一个小沙弥来到塔前："功课已毕，师父请您一叙。"杜甫点点头，跟着小沙弥沿着小径走向大云寺住持赞公的禅房。春花茂密，雨后的翠竹更觉挺秀。光景似旧时，但此日的长安已不是大唐的长安了，那从墙外吹来的怡人晚风，竟似夹着一丝血腥气。

赞公居处在后院一角，僻静清幽，院门常闭，少有人行。一入禅房，便有丝丝缕缕沉香绕身不去，微觉心源一澈。赞公睁开双目，道："杜君请坐。"杜甫道："几日身栖水精之域，所衣所食，精美清洁，皆仰上人。甫平日所不敢望，何况在这乱中。"赞公笑道："杜君是房公布衣之交，高才雅什，壮心直气，只是未遇其时而已。"

杜甫坐到蒲团之上："更仰赖上人深心妙语，为甫豁开心目。"他被叛军掳回长安，已有半年的时间。艰难时世，大云寺小住的日子尤其觉得可贵。

不久前，杜甫又遇到了老友郑虔。去年六月，郑虔没来得及追随玄宗逃出长安，与百官一同被俘。降了安禄山的中书令张通儒把他们一起掳至洛阳，强授伪职，不从的人便杀掉。郑虔被强塞了水部郎中的职位，他不愿做伪官，于是谎称风瘫，换了管理洛阳南北市的闲职，并暗中写了奏章，把敌情秘密送到肃宗所在的灵武。而今年，郑虔偷偷跑回了长安，躲到侄子驸马郑潜曜家中。杜甫自从去年八月被掳至长安，忧心两位圣人，思念妻子儿女，春日里的鸟鸣花色，竟然都成了惊声恨影。他想到旧游之处纾解，意外得以与故友重逢。

他记得郑虔见到自己的一刹那，面上喜色如瞬间绽放的昙花，旋开旋落。郑虔抓住他的手臂，说到自己如何与百官一同被掳往东都，如何装病，如何逃回来。说到房琯连夜追上玄宗御驾，而深荷君恩的张垍兄弟竟自降了安禄山，嗟叹几句，唾骂几句。说到年初安禄山之死，竟是被他那不孝子安庆绪所弑，是安庆绪指使李猪儿用大刀砍伤安禄山腹部。郑虔大笑起来，又压低声音道："哈哈哈，这大肚皮一破，胡旋舞尚能舞否？死得好，死得好！逆胡这一死，看管我们的贼将军纪松弛，我便换了身装束这么一走，嘿嘿，就走回长安啦！"

杜甫看着他须发皆白，似老了十岁，倒流下泪来："郎君能持汉节，还汉家，丹心可明！"

郑虔摆摆手："莫说莫说，自明而已。来来

来，这酒不错，再饮一杯。"丧乱中相遇的两人，一为驸马的叔父，一为宾客，虽然郑潜曜随玄宗逃出长安不在府邸，但看守门户的主事者认得二人，且惊且喜，备下了酒菜款待他们。

"那个契丹种孙孝哲先带兵进了长安。此贼监守的时候，杀了王妃、公主、宗室子弟计有百余人，只要是安禄山厌恶的，无论是杨国忠、高力士的党羽，或是其他什么人，抓住就杀。啊呀子美，你当时幸亏还没到长安，没看到那满街鲜血脑浆。经历那几日大变后，我这鼻子前面时不时就钻出一股血水味，大概是因为身在血海中了。

"我遇到过劫余的王孙，窜伏荆棘丛中多日，神色凄惶，意欲与人为奴而求得一饱。龙种流落，尚不如平民。"

杜甫说到的惨况，他曾在《哀王孙》一诗中写过：

> 长安城头头白乌，夜飞延秋门上呼。又向人家啄大屋，屋底达官走避胡。金鞭断折九马死，骨肉不待同驰驱。腰下宝玦青珊瑚，可怜

王孙泣路隅。问之不肯道姓名，但道困苦乞为奴。已经百日窜荆棘，身上无有完肌肤。高帝子孙尽隆准，龙种自与常人殊。豺狼在邑龙在野，王孙善保千金躯。不敢长语临交衢，且为王孙立斯须。昨夜东风吹血腥，东来橐驼满旧都。朔方健儿好身手，昔何勇锐今何愚。窃闻天子已传位，圣德北服南单于。花门剺面请雪耻，慎勿出口他人狙。哀哉王孙慎勿疏，五陵佳气无时无。

"不提这些了，子美，家眷可安稳？"

"在鄜州。数月未得消息，不知他们怎样了。如此春景，山河依旧，长安几时得以光复？"

"前几年你我秋宵痛饮，绝料不到有生之年身逢此乱。今日能见面，万幸万幸，还有共酌的机会。"

"暂且流连春夜，喝尽杯中物。"

鼻端妙香萦绕，杜甫恍惚想起此时身处赞公禅房，而郑虔临别时的叮咛犹在耳畔："子美啊，你幸未受伪职。咱们这一别，今后再见是什么样的场景，恐怕不是你我可预知的了。你说大云寺的赞公因房公旧谊，对你青眼有加。这数月，长安街头死了多少王孙，辱了多少卿相。大云寺的僧人非不通世务之辈，必能有助于你。"

禅房窄小，暮春晚间还有丝丝凉意从窗隙潜入。赞公把右手放在香炉上，手一翻覆，香烟便缓缓改道。他一瞥杜甫眉间的忧色，问道："杜君因何忧心？"

"为故人。"

"郑虔博士？"

"正是。"

赞公道："以德以力，叛军必不能久，官军取胜指日可待。贫道（唐代僧侣自称贫道）很了解郑虔博士其人，他在乱中能保持气节，忠心可悯，只是为伪职所污，怕是将来要受些委屈。"

杜甫自然明白，也知老友郑虔不愿多见自己是怕连累自己，道："一时之誉，一时之辱，都不如安心二字。甫所能做的，只是不违心而已。"

赞公双掌一击："好个不违心！贫道理应助君一臂之力！杜君可知，日前安守忠袭夺河东不遂，

赞公一瞥杜甫眉间忧色，问道："杜君因何忧心？"

折损一万五千精骑，败归长安，正欲增调李归仁二千骑西出，与朝廷大将郭子仪对峙。这几日不少人马取道金光门，往来稠杂，守备不严，正是脱身的好时机。有位本寺皈依的居士，恰是明日当值看守此门。明日寅时，便让小徒送君至怀德坊外，伺机而行。只是要委屈杜君着短褐之衣，扮作仆役之流了。"

杜甫怔怔望向赞公，片晌，施礼哽咽道："上人保全之德，济困之恩，已是无可为报，何况如此大德……"

赞公还了一礼："不违心，不违心啊！杜君有如此心性，恰又逢此时机，贫道若不成全，只怕于自家心地有碍。"

次日，杜甫穿着一件破旧的缺胯衫，混在仆夫健卒中，走出了金光门。他偷偷回头看了眼长安，旧日锦绣丛中，一片虎狼腥膻。

"官军不日必能克复长安，我也会回来的。"

驻马望千门

六月，已到长安暑气最盛的时候，午后阳光灼目，把水涸处的蒲草照得恹恹无力。绿柳随曲江江岸曲曲折折，然而风吹过仍是一片蒸溽。不知不觉间，藏身柳荫的鸣蝉渐渐高唱起来。杜甫站在曲江池北眺望，四岸原有行宫台殿，百司各有楼阁亭榭。安史之乱后，宫殿倾毁，重门尽锁，只有尚书省的亭子还在。更不用说昔日热闹的胡姬酒肆，早已冰澌雪化。而游人也星流云散，眼中之景，竟无一人。

身后忽然传来鸟翅飞振的声音。有人道："朝回日日典春衣，每日江头尽醉归。子美兄果然在这里。"杜甫转身一看，却见岑参与孟云卿二人一前一后，沿着荒草中的旧路走来。孟云卿看着屋宇间惊飞的翠鸟："堂间果然有翠鸟筑巢。早间出城，听人说起新开门竟有白鹿经过，还道是看错了。这玉楼金殿的繁华之地，一二年间，便成了禽兽孳生之所。"

岑参道："我去城南找你，途中正遇上升之（孟云卿的字），说你不在家。想来便是在这里。我这个右补阙还是子美兄举荐得来，如今你这左拾遗倒先走了。"

杜甫请二位友人坐下："我去年刚做这个拾遗，便获罪于天。明日之别，不过是早晚间的事情。二位不必挂怀。"

孟云卿道："看着腊日端午赏赐未断，原以为不及于此。没想到上个月送走贾阁老，这个月又要送你。"

岑参站起身："子美兄太心急了。房公去年五月十日罢相，兄刚刚受命就上疏为房公申辩，只怕恰恰触到圣人的心事。"

杜甫面无悔色："仅以区区一个门客董庭兰受贿，便要罢一个宰相。今上以为我迂诞，就算是迂诞，我也不能代天下人信服。这次作为'房党'，竟能厕身诸公间，惭愧得很。"

原来，前一年，也就是唐肃宗李亨至德二载（757）四月，杜甫从叛军占领的长安逃出，一路奔波鞋穿袖烂，总算赶到肃宗所在的凤翔。肃宗很是感动，便授杜甫为左拾遗，诏书中说"襄阳杜甫，你的才德，朕非常了解"。杜甫此前做过几个月的右卫率府胄曹参军，右卫率府职在护卫东宫，肃宗虽未必曾关注过这区区管库房的小官，但这话里显然把杜甫视为故人了。这也令杜甫感怀涕零，誓报君恩。他写了一首《述怀》，来表达自己的心境：

去年潼关破，妻子隔绝久。今夏草木长，脱身得西走。麻鞋见天子，衣袖露两肘。朝廷愍生还，亲故伤老丑。涕泪授拾遗，流离主恩厚。柴门虽得去，未忍即开口。寄书问三川，不知家在否。比闻同罹祸，杀戮到鸡狗。山中漏茅屋，谁复依户牖。摧颓苍松根，地冷骨未朽。几人全性命，尽室岂相偶。嶔岑猛虎场，

郁结回我首。自寄一封书，今已十月后。反畏
消息来，寸心亦何有。汉运初中兴，生平老耽
酒。沉思欢会处，恐作穷独叟。

不料五月十六日授左拾遗的敕书刚刚下来，杜
甫便上疏进言，认为肃宗不应该因为小罪罢免宰相
房琯。这下惹得肃宗大怒，诏付三司推问，即交给
刑部尚书、御史台、大理寺三司会审，这可是最高
级别的审判。正当杜甫大祸临头，刚刚做了宰相的
张镐和御史大夫韦陟出言相救，以为如果治杜甫的
罪，则将无人敢再进言，这才打消了皇帝的怒火，
杜甫得以免罪。但肃宗心头，那点把杜甫当成东宫
故旧而产生的感情，也就从此淡漠了。并且在他看
来，中书舍人贾至、刑部侍郎李晔等房琯至交，包
括上疏的杜甫，通通是铁证如山的"房党"。这一
年改元乾元元年，六月房琯被贬为邠州刺史，而与
房琯亲近的刘秩被贬为阆州刺史，严武被贬为巴州
刺史，甚至连大云寺的住持赞公也被贬到了秦州，
杜甫则给了个华州司功参军的处置。这么看来，他
的官职，真是不起眼得很了。

岑参道："所以子美兄的谢恩状，对房公又是一番推许，又赞圣人免三司推问的宽仁，你真是会戳人痛脚啊。"说罢看着杜甫摇头。

杜甫笑道："岑兄记性一向好。"

岑参道："子美兄，你我会面，不过就这一二日了。此去华州，司功参军有考核之责。你素来于人情上不肯用心，虽然未必有去年的凶险，可一旦遇事，未见得有第二个张公救你，还要善自保全为是。"

杜甫与岑参交游多年，笑道："你赠我'圣朝无阙事，自觉谏书稀'，自己为什么也频上封章？"见岑参面带忧色，一揖道："还请指教。"

岑参微叹："去年八月随驾从凤翔返回长安，却没能亲迎上皇。不过两位圣人相见的情形流传甚广，士民无不景仰。"

孟云卿望了岑参一眼，这话说得着实委婉。前一年十二月初三日，已经成了太上皇的玄宗到了咸阳，肃宗准备下天子的车驾，亲自到望贤宫南楼去迎接。入宫之前，肃宗脱下黄袍换上紫袍，步行前往跪拜于楼下。玄宗从南楼上下来，抚摸着儿子恸哭，肃宗也抱着父亲的脚哭个不停。玄宗拿来黄袍要亲自给儿子穿上，却被几番拒绝，玄宗于是说道："天命所向，人心所归，我只要颐养天年便好。"肃宗这才接受。玄宗不肯住在天子所居的正殿，肃宗却坚持要自己扶着老父登上正殿，连饮食也要亲自尝过了才呈上。这般作态自然尽合义理，只是想到十一月二十二日玄宗抵达凤翔时，扈从他从蜀地归来的士兵有六百多人，肃宗倒派去三千精锐骑兵迎接。而刚安顿下来之后，玄宗便叫随从把铠甲兵器上缴给了凤翔府仓库。其中的微妙，有心之人自然看得出来。

岑参道："当日圣人迎接上皇，围观的咸阳父老欢呼跪拜，都说是'今日得见两位圣人相会，死也无憾'。这话从咸阳一路传来，长安无人不知，我听了也是几欲泪下。上皇为此孝心所感，道是'我做了五十年的天子，并不算尊贵。如今做天子的父亲，这才算尊贵呢'。"

玄宗说这话，是在返回长安的时候。肃宗路上又要给父亲牵马，上皇不许，肃宗也表示不敢沿驰道行走。玄宗此次从蜀中回来，已是英气全销，然而五十年天子自然深知帝王心事，到了开远门前，才有了做天子父亲更尊贵的说法。他回宫后驾临兴庆宫，就住在了那里。一任肃宗几次上表请求让位，自己仍旧回东宫做太子，玄宗一概不允。如此再三试探，更像政敌而非父子。可是事有源委，李隆基在位时待"自家儿"实在算不上亲厚，曾经一天之内杀了自己三个儿子。又把儿子们圈在十王府里看管，对储君尤其戒备。再加上李林甫之流对东宫虎视眈眈，肃宗做太子的时候如履薄冰，三十多岁就两鬓斑白。恐怕他也是即位之后，真正坐在那个位子上，才渐渐理解，在皇权面前，父子之间也需要提防猜忌。所以此时父子情势倒转，却也难断言是非。

杜甫默然片晌："这也是父慈子孝的道理。"

岑参道："前年十月在陈涛斜，朝廷大军与叛军对垒，房公本欲相机而动，却被监军邢延恩等督促出战，才使四万良家子血染泽水。"

杜甫道："正是。哥舒翰六月失利，也是因为督军催迫。"

岑参道："而圣人当时依然待房公如初，并未深责。"

杜甫道："听闻确是如此。"

岑参道："既然陈涛斜败绩都不曾失了圣心，那房公又何以罢相呢？子美兄还不明白其中关窍吗？这不是房公一人之事，是清浊之争。清流之败，一至如此。前年北海贺兰进明太守朝见。此人向来与房公不和，房公打压他，他便趁机报复，说房公好尚虚名、扶植私党，这都是小事。但有一句，"岑参压低声音说，"'虽于上皇似忠，于陛下非忠也'，这话真是刻毒。"

孟云卿做的是校书郎，这是个清流官，是士人晋身伊始最好的选择之一。他的工作是日日整理图集，公务之余则参加诗文酒会，不清楚这桩私下流传的秘闻的细节。听到这里，他不由低低一声惊呼："这个小人！"

岑参继续道："贺兰进明称上皇所在为南朝，本就已经居心叵测。他竟然还厚诬房公建议上皇如何制衡天下，想出了让诸王分镇的办法。那么无论事情到了什么地步，当时东宫在不在，只要诸王之中有一个得了天下，房公有这番谋划就不失恩宠。

你们想想，贺兰这样的巧舌如簧，正赶上永王乱起，兄弟猜忌，圣人就不肯不信了。一向不曾与你谈起这件事，就是怕你又要激愤。"

杜甫却只是笑了一笑，不见怒态。岑参迟疑片刻，道："子美兄莫非已经知道了？"

杜甫微微点头："我虽愚鲁，倒也知道这个缘由。一旦涉及天家父子之情，做臣子的，忍垢固然没有用处，但要是拿来辩白，那就成了大错。连累房公不说，上皇又该如何自处呢？"

岑参道："那你还一再进言，难道不知道于房公未必有利，于你自己却是大害么？"

杜甫望向西北："我岂不知今上诏付三司推问，就是杀身的旨意。下狱十日正当恶月，牢中湿热，蚊虫又盛，何况性命悬于一线，想来总不免辗转反侧，不能成眠，没想到却有难得的好觉。"

他看着两位友人，道："岑兄当日随军到长安，也见到了我卖药都市寄食友朋的窘态。为一点残羹冷炙乞食富门，虽说中肠难冷，到底是意气消磨。时不时与郑司户饮酒，也不免说点饿死沟壑的牢骚话。那时觉得孟夫子所谓'苦其心志，劳其筋骨，饿其体肤，空乏其身，行拂乱其所为'，不过就是这样罢了。到了天宝十四载，我去奉先看妻儿，还未进门就听到一片号啕之声，我那襁褓中的幼子，竟然饿死了。一时之间悲恸惭愧交贯。我在想，人世间居然还有这么大的痛苦。朱门酒肉臭，路有冻死骨，我写的时候已经觉得心酸，若这冻死、饿死的尸骸竟是自己的骨肉至亲呢？

"可一旦天地翻覆，拂之不去的痛苦，到了从未想见的境况下，竟还有加剧的余地。前年潼关失守，我带着家人从白水逃出来，一路上女啼儿哭。最险的时候，同行失散，独身陷在荒野之中。要不是表侄王砅赶回来相救，恐怕早成草间的一缕孤魂。赴灵武的途中被胡人掳至长安，街衢之上尽是尸骸血迹，分不出谁是公卿谁是百姓，就算是王孙，不也要乞求与人为奴么？一人一姓惨烈至此已足吞声，何况这六合万家，所见所闻无不是血泪。人世之苦，竟是无边无底的。

"苟全至今，固然是侥幸之至，可我总觉胸中盘着一股气。国破则家亡，我既不能耕战，能为家国所做的，便只剩下手中这支笔了。贺兰此人用心刻毒，可此事偏偏不能直陈，我能说的，只是自己论事激讦，就戮为幸。所以做完这件事，我觉得心安，倒换来几夜安眠。"

看着二位友人面露伤感佩服之色，杜甫笑道："不要为我担心，寿夭穷通自有天数。当日多亏张公韦公挺身相救，免了今日二位破费，不必拿着鸡酒来祭奠我的周年。"

孟云卿道："可惜张公也罢相了。去年张公杖杀谯郡太守闾丘晓，为他不救睢阳城，又不听军令。听说闾丘晓死前哀告说家中还有父母，想回去侍候双亲。张公一句话便叫他哑口无言，'被你莫名其妙杀害的王昌龄，他的父母有谁侍候呢？'"

杜甫点头："不错。我感念张公的救命之恩，更感念他为王昌龄报仇。若在乱前，怎么想得到一代诗家天子，会莫名其妙被刺史所杀。唉，盛世耆英，一一摇落。你我别后，不知今生还能不能见面。渼陂之游，不可再矣！"

三人相对无言，隔了一会儿，孟云卿道："我来的时候，让家人去置办些酒菜，送到你家西轩，还备了你最喜欢的槐叶冷淘。今日我与子美兄做长夜饮，明日送你远行。"杜甫点了点头。他转身对岑参说："岑兄明日不必来送了。"岑参一怔，杜甫接着道："我年轻时自以为有经世致用之才，可以重光远祖当阳君的门户。长安十载，想凭文章寻一个出路，什么致君尧舜、窃比稷契的话都说得出来。可乱后奔走，才知道我之所能，不过诗赋而已。你与达夫（高适的字）兄才是隽才。君家百年三相，绝不止于补阙而已。"他摆了摆手，"听我一言，请为圣朝珍重。'房党'，已经够了。"

岑参默然，起身施了一礼。

夏日天光亮得早，已到了杜甫离开长安的时候。孟云卿为杜甫牵着雇来的驴，两个人缓缓向金光门走去。金光门在长安城西，去年杜甫从沦陷中的长安逃出，就是取道此门。三个门道渐渐出现在眼前，皇城渐远。忽然间瞥到一个人影，杜甫怔了一下。

岑参牵着一匹马，等他走近，把缰绳递了过来："子美兄，临别没有什么可说的，唯有平安二

岑参牵着一匹马，等杜甫走近，把缰绳递了过去。

字。请用这匹劣马代步吧。"杜甫只觉多谢二字太过轻飘，哽在咽喉，说不出来。

乘马走出数十步，杜甫突然勒住马缰，转身望向长安，望向皇城宫阙。自此，他告别了一个伟大的时代，在成为一位伟大的诗人的途中前行，却再也没有回到过这个伟大的都城。

天明登前途

　　天阔云飞，霜浓草白，数只苍鹰在头顶盘桓。张弓，挟箭。草间一只白兔跃起，弦响秋风，白兔应声落下。

　　"杜二，好身手啊！"一个身影骑着名马斜穿向前，朗声大笑。

　　他侧头望去，那个身影在光晕中渐渐靠近，渐渐模糊。

　　他又梦到十四五年前与李白的旧游了。

　　慢慢地在黑暗中看清，床前一簇簇斑白不是秋草，而是屋瓦土墙破损的地方投下的月光。此身所处的，也不是孟诸的草甸。他想起来了，他在从洛阳回华州的途中，此时正投宿在一个小小的村落里。

砰砰砰，砰砰砰。将他惊醒的声音又响了起来，似乎有人在拍门。然而夜深风高，什么人会在这个时候敲一家农户的门呢？突然间，留宿他的老农闯了进来："官人，官人，行个方便，床挪一挪。"老农身上粗麻短衣胡乱束起，神情张皇。杜甫依稀记得老农姓卢，他不明就里，依言帮着卢翁将旧木床挪到墙根，看着这个五十余岁的老人爬上土墙，小心滑下，消失在夜色中。

拍门声更响了，夹杂着撞击的声音，隐隐传来叫骂声。卢翁的妻子陈氏看到丈夫跳下去，向杜甫道声："多谢。"用衣袖擦了擦眼泪，走到厅前开了大门。

陈氏挽起衣袖，打开了门。春夜晴明，月色甚好，门外站着两个人，乃是常来催缴赋税徭役的里正和乡正。里正三十余岁，面白少须，长脸棱角分明。乡正三十上下，紫棠面皮。老妇人向二人行了一礼，向乡正道："周家郎君，沈家郎君，这是作什么？"乡正摆出一脸怒色："一家子是都聋了？敲这么久才给开门？让我同周君这番好等！"陈氏满脸悲苦中挤出一丝笑："老妇年纪大了，手脚不利落，您多担待。寒家没什么可招待的，厨房里还有些菜羹，不嫌弃的话，这就端出来。"

里正正色道："没那么多工夫耽误。还有几家没去过呢。"乡正偷偷瞄了下里正的脸色，转脸冲着老妇骂道："你一个老婆子搅什么乱，叫你们家男丁出来！"

陈氏想再挤出点笑容，却只有泪水沿着眼角皱纹蜿蜒落下："沈家郎君，你难道不知道，我家里……已经没有男丁了……"里正看了乡正一眼："怎么回事？"乡正对陈氏喝道："问你呢！怎么就没有男丁了？家里原有丁几口？现在几口？"

陈氏料是哭得多了，两行泪水落下后双目赤红，只剩喉间的呜咽："我生了三个儿子，三个儿子都去了邺城，说是打姓安的逆胡。就在上个月，我家小儿子寄了封信回来，说……说他两个哥哥都已经战死了！可怜我那二郎，还没成家……剩下老妇这一天天，睁开眼要是还活着，那就多活一天。至于死了的……死了的人可就管不了了……"

杜甫在屋内听得心惊。太宗皇帝贞观中曾将十丁征二改为十二丁征一，又把年满二十服役六十岁除役，改为二十一岁服役六十一岁除役。玄宗即位之初，一度改为二十五岁服役五十岁即除役。然而天宝年间杨国忠要在边境上立功，有时三丁点一丁，已经十分严酷，黎民百姓家家逃不了死别生离。谁承想安禄山作乱，朝廷几年来频频点兵，卢家三个儿子，竟全被征走。卢家三男已去其二，那一个幸存的还不知能偷生到几时。纵使王师凯旋，这一家人又如何生活下去？邺城，是啊，这一年多来，战局的胶着之处可不正在邺城吗！

先是至德二载（757）正月，安庆绪在洛阳杀了自己的父亲安禄山，随后即位。击碎了唐朝盛世的粟特人安禄山，未死于唐军刀下，倒被自己儿子结果了性命。而安庆绪其人，虽然有弑父自立的歹毒，却没有决胜千里的才能。八月，朝廷向回纥借来的兵马抵达，九月，长安光复，十月，官军收复洛阳。安庆绪屡战屡败，只得带着残部逃往邺城，向史思明求助。

史思明本已降唐，此时降而复叛，驰援邺城。乾元二年（759），史思明在邺城大败官军。各节度使溃归本镇，沿途不免多行抢掠，官吏难以制止，这场动荡过了十多天才平息。

这么算来，卢翁陈氏的三个儿子，约莫是去年被官军征走，在朝廷参与平乱的九节度使帐下效命的军卒。官军刚刚大败一场，郭子仪退至河阳，以保洛阳。而其败军余部，又要抽丁补勇。想来此夜捉人，正是河阳战事所需。只是如此行径已经不是什么征兵，竟是强拉丁男了。可这卢家三男都在军中，卢翁潜逃未免过于小心，这一家还有什么人能去从军呢？

杜甫站在东屋门边的阴影里，隐隐听到有人轻声啜泣。大门前的两人被老妇人陈氏的呜咽声扰着，似乎尚未发觉。杜甫忽然想起黄昏前来投宿时，他取出几块胡饼权充谢礼，陈氏再三道谢后小心收起，似乎到西屋送过一回。此时听这啜泣声轻而细，倒像是妇人或少年，这家中大概还有个年岁不大的儿女。

正听到乡正问："你们家还有什么人可去应征，实话说与我们。"

陈氏哭道："实在是没有人了！"

里正抬脚便要进门:"某倒要看看。"

杜甫从阴影中走出,轻咳一声:"陈媪,怎么了?"

乡正看到卢家出来个不认识的中年男子,倒是一愣。里正上下打量一番,眼前的人衣衫虽然破旧,却不是农人打扮,通身气度更像是个读书人,也不由慎重起来,问道:"敢问郎君是?"

杜甫道:"我是华州的司功参军,姓杜。长官给假到东都探亲,如今假满要回华州,中途在此借宿一宿。不知二位有何见教?"

乡正一听,连忙叉手行礼,又将自己与里正的身份来由略说了说。里正道:"既有官人投宿,也罢,我二人……"里正一句话尚未说完,忽然听到一声婴儿的啼哭,从西屋传出。里正一怔,面色转怒,瞪了陈氏一眼:"没有人?这小儿是什么人?谁在照料?难道是你这老妇自己养活的吗?"

自婴啼响起之后,陈氏面色已由苍白转为灰败,答道:"我家大郎留下的一点骨血,还不满三月。"

"问你谁在照料!"

陈氏浑浊双目中再次落下泪来:"我那大儿媳,她父母要接她回去再嫁,是她念着同大郎的情分,舍不得怀中吃奶的孩子,同我说要照顾到孩子满了周岁再走。"说着说着,陈氏的声音由木讷变为急切:"这一二年兵荒马乱,可怜她青春守寡,连件像样的下裳都没有,实在见不得人。何况她若去了,我那小孙儿也活不成了!我家大郎、二郎已经死了……"

里正怒喝:"你睁眼看看,现如今左邻右舍,亲戚故旧,谁家没死过人!郭仆射在河阳安营,征调附近的男丁,是为了守住东都!一旦东都有失,逆胡杀来,那可比各镇的兵士凶得多,举刀便杀,抬手就抢,你的孙子儿媳,到时只怕一个也保全不了!"

陈氏正在痛哭,被这话喝住,呆呆看向里正。

"今夜已过半了,我等还要去几家,没工夫纠缠。实话说与你,无论如何,你家今天也要再出一个人。刚想起来册子上写着,你丈夫还在,就不知跑去了哪里。沈大,你不知么?不过这世道能跑去哪里,总等得到他回来。"

字字句句如锥刺心，乡正低头把身子缩在一边。陈氏忘了哭喊，愣愣地想了片刻，竟自笑了起来："两位郎君，老妇虽然一把骨头半入土，拿不得兵器打不了仗，可粗笨活计还使得。河阳营里总少不了做杂役的，老妇现在同你们走，明天一早还能给兵士们做早饭。"

说罢，陈氏向三人行礼，走进西屋低低嘱咐了些什么。只听见年轻妇人渐放悲声，夹杂着老妇人"好了好了，不怕"的安慰。陈氏出来，身上换了件破旧的下裙，跟着二人走了。

杜甫坐在昏暗的堂屋中，门前是如霜的月色，隔壁是年轻妇人的哀哀抽泣。他又想起那个未完的梦境。不知李白现在如何？十四年未见，那飞扬跋扈的青莲居士，双鬓也应有风霜之色。壮年时的风采，终究是远去了。

西屋里的妇人一时哭得狠了，小婴儿也跟着啼哭起来。只听得妇人哄了两句，骂了两句，又哭一阵哄一阵。杜甫突然想起，天宝十四载自己从长安去往奉先县，曾写过这么几句："生常免租税，名不隶征伐。抚迹犹酸辛，平人固骚屑。默思失业徒，因念远戍卒。"自己生而为世家子，长而为官，既没交租纳税的负担，也不用服兵役，还致使幼子饿死，有愧为人父的职责。想想那平民百姓，日子岂不是更苦？他又想起自己刚刚经过新安县时，县中征兵已征到中男。看着那些征来的年轻人，有的孩子母亲一路相送，无人送的瘦骨伶仃的孤儿则在一旁瑟瑟发抖。县吏告诉他，州府昨夜下了军帖，依次征中男从军。中男虽然依律不应服役，但战时非平日，王法不及形势。他同县吏讲，这些个刚过十六七不满二十二的年轻人，还不算完全成年，征他们去打仗，怎么能守得住王城呢？临行前，他还勉励被征走的少年不要哭了，王师攻取邺城势在必行，何况郭子仪爱兵如子，从军的日子未见得那么难熬。唉！"莫自使眼枯，收汝泪纵横。眼枯即见骨，天地终无情！"这首《新安吏》，便是血泪书成：

客行新安道，喧呼闻点兵。借问新安吏，县小更无丁。府帖昨夜下，次选中男行。中男绝短小，何以守王城。肥男有母送，瘦男独伶傉。白水暮东流，青山犹哭声。莫自使眼枯，收汝泪纵横。眼枯即见骨，天地终无情。我军取相州，日夕望其平。岂意贼难料，归军星散营。就粮近故垒，练卒依旧京。掘壕不到水，牧马役亦轻。况乃王师顺，抚养甚分明。送行勿泣血，仆射如父兄。

看着门外逐渐亮起来的天光，杜甫这才惊觉，自己竟然坐了半宿。陈氏走了，留下西屋年轻的妇人，他不便告辞，于是收拾好行囊，走出卢家。

卢家篱笆墙外，一个身影在几棵树间躲躲闪闪。杜甫心下恻然，轻声呼道："卢翁，卢翁，莫怕，里正他们已经走了。"那老农卢翁从树后闪出，跑了一夜不知在哪里躲避，他的衣衫上落满尘土，斑白的头发缭结，气息未稳，赶忙问道："我家里可还好？"杜甫沉默片晌，道："翁家子妇与令孙安好。"卢翁先是欣喜点头，继而脸色大变，张口结舌一个字也说不出，急急跑到屋内。片刻后，只听一声妇人悲号，卢翁大呼："啊呀！"

只见卢翁夺门而出，向村外大道的方向奔去，想来是要去追被征走的陈氏。奔得太急，老农一跤跌倒，黧黑苍老的面庞贴在地上，双手陷在湿润的春泥里。杜甫默默将他扶起，卢翁似哭似笑，扶着杜甫的手臂站起，摸索到一株梨花树下坐下。树下二人，一坐一立。卢翁魂不守舍，一句句说给自己听：里正他们走了两个多时辰，早已去得远了。就算是追到押送新丁的队伍，又能怎样呢？把老妻换回来？三月正是春耕最忙的时候，村里已经没有耕牛了，全靠人力耕种。虽然战火不知何时能熄，可活着的人总要吃饭，租税也是免不了要交的。就算两个妇人可以耕种，这不太平的年岁，没有男丁，哪怕官府不来征人，还恐有其他的虎狼恶人……

听着卢翁念叨，杜甫心头某处如同重击后的麻木，而在麻木中又似有微刺探出。"我该走了。"他想。九节度使溃败，东都岌岌可危。不战则逆贼荼毒九州，力战则不能没有伤亡……这天翻地覆的形势下，他一个小小的华州司功参军，救不了新安那些少年，也救不了卢翁陈氏一家。就算能救他们，又救得了普天之下的百姓么？

杜甫向卢翁告别，踏上归程。这个叫石壕村的地方距潼关尚有三百里路途，一路之上还要目睹多少人间离别？他回头看了看，卢翁依旧坐在梨花树下，絮絮低语，似乎没有发觉他已告辞。天微青，花正好，即使在中原，春朝也有氤氲不去的潮意。可惜这个春天，繁花都开在战尘里了。

水落鱼龙夜

  小院中间支起了两排木架，杨氏正手脚轻快地翻动着架上的药材。秦州今秋阴雨连绵，杜甫一家借居的茅屋虽在城中，所处却是少人过访的穷街陋巷。暴雨时院中坑洼积水，蚯蚓纷纷钻到堂间躲避。有时雨下得久了，恍惚间竟不知此时是白昼还是黑夜。这两日难得雨停，趁着天晴，夫妇二人要把采来的药材晾晒一番。

  困居长安十年后又逢战乱，多年来肺气、消渴、风痹种种病痛交加折磨，杜甫竟因为多病而通药理。在长安时他染上了疟疾，每年秋冬寒热交替，眼昏皮皱苦不堪言。到秦州之后，入秋依旧隔日发作，如抱霜雪。幸而秦州地气宜于种植药材，他在城外采药，收获颇丰。此时夫妇正在晒的黄精，常服可以延年益寿。

熊儿将切好的草料一捧捧堆到老马面前，骥子和两个妹妹在一边搭手帮忙。这匹老马虽然不是什么千里良驹，胜在性情温顺。笃笃笃，叩门声响起。骥子忙放下手中的草料，跑去应门。来的不是客人，而是问路的行人。骥子口齿伶俐，指完路便带上了院门，继续帮着哥哥喂马。

杜甫走上前摸了摸骥子的头顶，孩子长得真快啊。他前年因赴灵武行在途中被叛军俘虏，一家人一时失散。困在长安的那几个月音信不通，几度以为自己要死于乱中。战乱之中失散的一家人能够保全，已是不敢想的奢望。

他一二年前困在长安，有时念着妻子儿女，也会想着倘若有幸脱险，去哪里都不如早早回到家人身边。尤其是骥子，他最疼爱的骥子，刚刚学会说话的时候，已经能效仿大人的样子询问前来拜访的客人姓名，长者见了无不赞叹。可惜世道不太平啊，骥子小小年纪原本该无忧无虑。想起自己直到十五岁，尚且一身稚气，摘梨觅枣一天不知爬多少回树。可怜这几个孩子幼年即遭逢乱世，家中贫困，父亲又常常不在身边，可依赖的只有母亲杨氏。

骥子那时就会背自己的诗了，他常觉得耳畔稚嫩的童音萦绕不去。但他逃出长安之前，已打定主意追随圣人。家人与君主，不免要辜负一方。好在圣人替他做了选择，去年，即乾元元年（758），朝廷将他发落到华州去做司功参军。尽管困于俗务，他仍想尽忠。

去年七月，肃宗采用御史中丞第五琦的建议铸乾元重宝，此钱稍重于开元通宝，却是一枚当十枚开元钱用。今年第五琦做了宰相，又开铸比开元钱重三倍的新币，而一当五十地用。于是物价沸腾，米一斗竟要七千钱，据说沿途尽是饿死的人。杜甫不能不关心战事，也不能不关心普通百姓的生计。可惜，他代华州郭使君上书献策如何剿灭相州叛胡，并没有得到回音。而两位圣人之间，总有人不但不弥合父子，还要借父子之间的猜忌翻手为云，覆手为雨。

时事如此，真不如辞官不做。于是杜甫辞了司功参军之职，带着家人一路西行到了秦州。这里乃是西北重地，陇山之西，尚没有被战火波及。沿途所见，莽莽重山，萧萧古塞，风物确实与中原大不一样。

初来秦州闲居无事，杜甫如在长安一样游览寺院，不料竟邂逅了一位牵念已久的故人，大云寺的赞公，他也因房琯罢相一事被牵连，被贬到了秦州响灵寺。赞公住的是一间土室——土山上挖出的窑洞。九月半的光景，雨多霜重，院中栽种的菊花萧疏，池中枯荷留雨。赞公的神气一如往常，但面上终究带了风霜之色。

遇到赞公之前，杜甫便听人说起东柯谷土地肥沃，风景秀美，是桃花源一般的去处。如今遇上故人，在这里建造草堂安家的念头难以遏制。隔天，他又去拜访赞公，请赞公作向导，同往东柯谷、西枝村一带寻找栖居之所。

响灵寺在秦州城南二十多里，距西枝村尚有十余里的路程。东柯山则在西枝村再往东三十里。两人寻山陟岭，兴致不减，披榛荆，攀萝径，在老藤虬枝间徘徊沉吟。到了山南的西枝村已是午后，却没有访到合适的居所，离开西枝村的时候但见夕阳在山。二人在山间夜行，回到土室时，已经是宿鸟归林，明月在天。

土室外的月光映出门外松枝的虬影。白日登山赶路疲惫不堪，然而清夜里故人相对，虽然身体疲倦，谈兴却浓。赞公拨弄着火塘中的薪柴，火光晃动，土室内渐觉温暖。赞公说道："陋室无烛火，柴火倒也方便。"

他面向杜甫问道："陇头月与长安月，总是一月。土室高堂，所安不过一身而已。我已有此栖身之所，可惜今日并未找到建你那草堂的地方。尚不知杜君何以来此？"

"去年幸得上人相助，方才逃出西京。此后种种，路上已说了大半。我在华州做这司功参军做得气闷，得到族侄杜佐来信，夸奖秦州风物，料想这里不愁生计。我兄弟失散许久，幼弟杜占也愿一同登程，因此举家迁来。"

"亲人俱全乃是大幸，一路奔波，城中住着可还习惯么？"

"客栈不宜久居，刚刚换了处陋巷暂住。所幸妻儿都在身边，不必两地悬望。这里古迹和美景甚多，暇时登临，聊以破愁遣闷。只是每日城内城外，听到胡笳和羌笛，有时独望塞外烟尘，不免想得太多……如今，圣人借了回纥兵平叛，虽说两京光复，却是用我大唐子民的财帛儿女换的。"

"是啊。叛军是一劫，回纥兵又是一劫，百姓何辜。"

"秦州关塞是险要之地，何以触目但觉边事可忧。前些日看到吐蕃健儿跳舞，他们所乘的马匹，竟不输玉花骢、照夜白那样的汗血宝马。马且如此，这些武士的勇武可想而知。但只恐骄马胡儿，终为边塞之患。"

"杜君向来忧患甚深。"

"上人取笑了。"

重逢一番长谈，各自叹惋。妻儿还在秦州城中，不便久留，杜甫于是辞别赞公，回到了城内。不久他又听人说起，西枝村还有一处宜居之地，便又写了一首诗给赞公，请他前往代寻可以安家的地方。然而赞公几度寻访没有结果，这事就暂且搁置下来。

有时想起赞公如今居住的低狭土室，再回想大云寺禅房中一缕缕异香，两境交织，恍如梦寐。其实族侄杜佐便住在东柯谷。一路上多有人向他描绘那里如何丰饶，杜甫都默默记在心上。到了秦州之后，在东柯谷附近寻一处佳地，带着妻儿做田家野客的想法，让他寤寐难忘。

刚来秦州的时候，杜佐到城里看过他，带了些乡间土产，其中有几捆薤白。薤是野蒜，薤白就是它的根，是极好的佐餐物。杜佐向叔父描绘着东柯的物产，他目光莹亮地说："穄子到白露时节便已成熟，舂好后再寄来给叔父尝一尝。秦州的穄子煮成粥，香滑异常，配上醋浸的薤白，哈哈，田家至味啊。"

杜甫也笑道："好啊，薤是温补之物，能治胸痹。通神安魂魄，益气续筋力。与穄子粥同食，想必更妙。"

小孩子们听得神往，杜佐走后，时不时问起东柯的阿兄什么时候带穄子来。杜甫便写了三首诗给侄儿，问道："白露黄粱熟，分张素有期。已应舂得细，颇觉寄来迟。"穄子应该舂得很精细了，何时寄来给几个弟妹尝一尝呢？然而并无下文。倒是新结识的隐者阮昉，为人温厚殷勤，听说杜甫有胃病，便挖了自家地里的薤白，捆了三十捆，用小筐装着送来。杜甫自语道："隐者柴门内，畦蔬绕舍秋。盈筐承露薤，不待致书求。"然而东柯谷、西枝村的温情与诱惑，也在期待的落空中，渐渐消散了。

今天的阳光真好啊，熊儿喂完马，便舒坦地倚在门边晒太阳。杜甫想起昨日小女儿指着早霞说："这么好看的东西，要是能吃就更好了。"两个哥哥一同笑她贪嘴。小孩子童言无忌，然而为人父母者听在耳中，难免心酸惭愧。杜甫默默计算着积蓄，算到最后，倒想起古人一句笑语。晋代有位名士叫阮孚，持一皂囊游于会稽。有人问他囊中何物，阮孚道："担心空囊羞涩，有一枚小钱看着。"

骥子口中念念有词。他喜欢读书背诗，多由父亲口授。骥子背道："水落鱼龙夜，山空鸟鼠秋。"这是杜甫初到秦州写的一句。鱼龙是鱼龙川，鸟鼠是鸟鼠山，是秦州附近的山川。传说鱼龙川中出五色鱼，当地人以为是神灵，不敢捕捞。又听人说此处掘地取石，也多为鱼形。鸟鼠山则以鸟鼠同穴而

今天的阳光真好啊，熊儿喂完马，便舒坦地倚在门边晒太阳。

居得名。入秦之时，川水夜落，乃引鱼龙径出，秋山无人，惟闻鸟鼠时鸣。山峦四合，荒险空阔，一时天地之大，不知安往。骥子背的正是这首：

满目悲生事，因人作远游。迟回度陇怯，浩荡及关愁。水落鱼龙夜，山空鸟鼠秋。西征问烽火，心折此淹留。

骥子忽然又背道："鱼龙川北盘溪雨，鸟鼠山西洮水云。"这是岑参天宝十五载（756）所写的《与独孤渐道别长句兼呈严八侍御》一诗中的两句，杜甫只念过这么一两遍，骥子竟然记住了。他想起在长安与岑参兄弟同游的日子。可惜愉悦的日子太短了，只留下一点记忆，给后来更苦的日子回味。到了乱后，甚至连困居雨中的绵长日月都显得短暂而安稳。自己先老友一步离开长安，不知他现在过得如何。

杜甫又想起他最为牵挂的李白。闻听李白流放夜郎之后，杜甫曾梦到过旧友，醒来后却更忧心：千里万里，渺渺遥遥，魂魄为何入梦？难道说谪仙人竟已归天界了么？直到听说李白遇赦还江东，才觉心神略安。于是连着三夜，都梦到了李白。梦醒时，他看到即将西沉的月光虽微弱，却映满屋梁，不知这月光是否也能照亮老友的面庞。他写诗记录下了自己的梦境：

浮云终日行，游子久不至。三夜频梦君，情亲见君意。告归常局促，苦道来不易。江湖多风波，舟楫恐失坠。出门搔白首，若负平生志。冠盖满京华，斯人独憔悴。孰云网恢恢，将老身反累。千秋万岁名，寂寞身后事。

《梦李白二首》其二

日色晴暖，杜甫看着神情难得舒展的妻子，看着几个未谙世事的儿女，心中默念："秦州虽好，终不是安家的地方。最近同谷的友人来信相邀，也许可以南下去看看。"

语不惊人死不休

流水潺潺。昨夜一场雨，溪水又涨了几分，近水菖蒲翠软，石上青苔碧藓笼着几丝水气，更映得草间溪畔朦胧如烟。

"一早捉了个丁丁猫，比我手还长，黑黢黢的，翅膀冒绿光，肚子上一块一块黄。"

"你又吹起来了，这会儿哪来的丁丁猫嘛。还黑色的，我只见过红的，黄的，青的。"

"吹个锤子，等我捉了来，你敢赌么？"

"赌就赌，怕撒子，赌什么？"

"谁输了，黄娘子家的桃，摘十个来。"

浣花村里数吵架的两个娃娃声音最高，为着这春夏之交有没有黑色蜻蜓吵了起来，左邻右舍家的孩子们渐渐围上来，看两个人立下赌约。小妹也停住脚步，听得津津有味，转头问骥子："阿兄，他要是能抓来，你也给我抓一只吧。"

骥子一时有些哭笑不得："去年夏天捉了那么多只你都不要，嚷嚷着要抓鸂鶒来玩。"

"那鸂鶒出来的时候，也抓一只来。"

"人家鸂鶒一雌一雄，恩爱夫妻，带着小鸂鶒一家子，你忍心捉了去让它们一家失散？"

"那就一家都捉来。"

骥子听得好笑，有心逗妹妹："一家人都捉来？咱们养不起啦。"

"阿兄不是会钓鱼吗？阿母的针线还有些，你叫阿姊取来敲成钓钩，每天去溪边钓几条鱼不就够了。"

前年，乾元二年（759）年底，在同谷县度过了饥疲困窘的一段时间，杜甫决定结束这段辗转秦岭山壑间的生活，带着家小翻越群山，经木皮岭、白沙渡、水会渡、七盘关，过了天险剑门，来到了成都。一年之间，他从洛阳到华州，从华州到秦州，从秦州到同谷，再从同谷到成都。他已近知天命之年，数年漂泊遭乱，饱尝辛苦，终于可以暂时安身了。

当时的成都，地富鱼米，市多酒家，锦城氲氲，锦水活活，是仅次于扬州的胜地。杜甫此来，一为成都尚且安宁，二为故人尚可照顾一二。所谓故人，乃是此时的成都尹兼剑南西川节度使裴冕。玄宗逃到蜀地时，曾下诏命太子李亨任天下兵马元帅，任命裴冕为御史中丞兼任左庶子辅佐。裴冕奉诏归京，在平凉遇到李亨，追随李亨到了灵武，便与杜鸿渐、崔漪一起劝太子登基。请求了五次，终于获准，因此颇受肃宗信任。裴冕好财重礼，生性奢侈，但为人颇有义气。杜甫虽不是至交，但既然千里迢迢来投奔他，便没有不照应的道理。于是便将杜甫一家安置在成都西郊古刹草堂寺中，不时接济。

杜甫在草堂寺中住了三个月。转年便是上元元年（760），春日，在裴冕的帮助下，他在百花潭北、万里桥西，距离草堂寺三里的地方访得一块荒地，辟出一亩大的地基，建了一座茅屋。筑草堂的时候，裴冕大伸援手，杜甫在成都的表弟也送来钱物资助。杜甫又向亲友讨来桃树、桤木、绵竹等，种在草堂周围。绿李、黄梅、石笋、瓷碗，看在裴冕的面子上，也有人陆续送到，草堂渐渐充实起来。

杜甫父子老的老小的小，垦荒不易，倒是相从而来的小弟杜占诛茅栽树，很是勤快。暮春时节，草堂终于建成，杜甫多年未曾有这般安宁的日子，自己如暂时歇息的飞鸟，带着几个孩子飞来飞去流离失所，终于在这里筑了新巢。

成都因进贡织锦而得名锦官城，靠近城墙的水流被称为锦江、内江，或者浣花溪、百花潭。蜀地远离战火，杜甫所筑的草堂就在浣花溪畔，坐拥美景，又有老朋友时不时分一些俸禄接济，相比先前的颠沛流离，这里可以称得上是乐土。杜甫有时想，衣食无忧，妻儿都在，就这样做一个老农终此一生，也是极好的生活。

草堂落成后，日子比起前些年乐多忧少。但去年三月，裴冕卸任回京做了右仆射，这位故人再也难以照应杜甫，因此杜甫一家忍耐了一段艰难的时日。小儿女有时饿得头晕，哭着索要吃食，夫妻二

杜甫所筑的草堂就在浣花溪畔，相比先前的颠沛流离，这里
可以称得上是乐土。

人相对无言。哪怕看到风含翠竹雨浥红莲的美景，杜甫也不免自我嘲弄一番。

幸运的是，渐渐又有故人伸出援手，如做彭州刺史的高适。无论如何，有茅屋栖身，日子终归比流离时好得多。而且左邻右舍居然不是俗人，一个是辞官的县令，一个是幽居的隐士。杜甫与二人相处甚欢，时常走动。

不知是天气转佳还是熟能生巧，今年小院里种的小菜长势不错，不像去年稀稀疏疏的可怜模样。今日杜甫摘了些，让骥子给南面的邻居朱山人送去。朱山人在浣花村颇受小孩子们欢迎，无论是村中顽童还是熊儿他们，哪家的小孩子都没少吃他种的芋芳和橡栗。他家常有宾客往来，小孩子们都习惯了。甚至常来觅食的鸟雀也不怕人，在阶前徘徊走动。草堂离浣花溪很近，骥子带着幼妹送完菜到溪岸边转了转，听了会儿村里顽童的嬉笑，才提着竹篮回家。

"阿兄，溪水好像又涨了几分。"

骥子想起去年的狼狈，眉头一紧："幸而今年雨没那么大！"

去年春天，草堂落成后，也是连绵几场春雨。杜甫一家自北方来，还不熟悉蜀地的气候。这里的潮湿远过长安，到了四月黄梅成熟的时候，如江南一样多雨。草堂的白茅顶铺得不够厚密，禁不起细雨日夜浸润，屋内的水汽如粘在身上一样。一开始看着山间云雾弥漫，尚有欣赏美景的趣味。不数日，雨越下越密，溪水一夕能宽数尺。杜甫经过犀浦道的时候，见雨水混着河水，卷成一个个漩涡，移动到岸边又转回来，竟似有蛟龙在其中嬉戏。

那一天，熊儿、骥子本与同村孩童约好去溪边捉泥鳅，玩着玩着雨势越来越大，村中顽童便被父母一个个揪了回去。"这雨都下成什么样了！还玩，一会儿遭大鱼吃了去！"兄弟俩也被叫住，"杜家兄弟，莫要再玩啦！你们新来，不知道水涨得多快多厉害，赶快回家吧！"

兄弟二人虽然不知道水势如何厉害，但听村民说得郑重，也道谢转回家中。

大雨下得如同天漏，天色昏黑如同中夜。熊儿大声道："阿爷阿娘，水快到门边啦！"一家人眼睁睁看着屋内积水渐深。杨氏连忙收拾怕湿的物事放到高处，再找东西盖上。好在水来得快去得也不慢。看看雨势渐收，床下水痕渐退，杜甫要出门瞧瞧浣花溪。浣花村的地势不甚平坦，村中四处积水，如一个个湖泊。水面迎风的燕子，江上浮沉的鸥鸟，飞得从容不迫。水流甚急，渔人调转船头似乎也比往日难些。景致虽美，但对初到蜀中的杜甫一家来说，惊吓却也不少。

午后，朱山人戴着他那顶出名的乌角巾，缓步从小径走来。他常与杜甫对弈消磨时光，今日天气晴好，又来下上一局。草堂厅内东壁上画着两匹马，乃是名画师韦偃的杰作。韦偃此时也寓居在成都，他笔下的鞍马生气绝妙，给杜甫留下两匹作伴。杜甫一生最爱马，曾写诗题咏："一匹龁草一匹嘶，坐看千里当霜蹄。时危安得真致此，与人同生亦同死。"这东壁，便是草堂的一景。

朱山人道："我来时还见杜郎君在锄草，如此勤勉，想来今年草堂收成可观。"他用衣袖拂了拂案上的棋盘："去年初相识的时候，用的还是夫人画的纸棋盘，今年已换成了木盘。郎君的生活，眼下是安稳一些了。"

"惭愧啊惭愧，有故人扶持，又有高邻相伴，实在是幸运。"

"郎君赠我的诗，颇喜爱'秋水才深四五尺，野航恰受两三人'二句。八九月里，锦江秋水涨满，往往能看见游鱼，这个时候，野渡小艇最佳，只能容下出游的二三个人，烟岸为屏，尘嚣尽息。"

杜甫道："记得那日暮色深沉，斛斯六官大醉，先生送我出柴门，恰是明月初升，映得江畔白沙，<u>丛</u>中翠竹。"

斛斯六官叫斛斯融，也住在草堂南面，是杜甫的酒友。

朱山人头巾随主人吟哦一晃一晃："白沙翠竹江村暮，相对柴门月色新。此诗长吟每觉有兴味。"

杜甫笑道："去年秋天沿江放流，远峰积雪，近云霓虹，秋色凄清。本有些若不胜悲，哈哈，没想到被顽童们戏耍了一番。"

熊儿和骥子站在一边，听着也笑了。去年秋天，杜甫想到自己自从来到浣花村定居，还没到树林西面走一走，游兴大发，于是找了一叶小船，沿溪西行。划着划着不识路途，于是便问两岸玩耍的儿童怎么走，那些孩子捕鸟的捕鸟，抓鱼的抓鱼，还有的在采藕，根本顾不上搭理一个异乡口音的老头子，不知有心无心，给他指了条错的路。等找回浣花村的时候，已是暮色四合。及至家中，衣上月痕，畦中霜色，更添一份清冷。熊儿骥子但知父亲被几个孩子骗得兜了圈原路，却没懂父亲的心事。杜甫隐隐约约觉得村东的锦官城传来鼓鼙声，唤起数载逃难的记忆。好在有浊酒相慰藉，不需要考虑京洛的战事。

朱山人放下手中摆弄的棋子，问道："郎君可有近作？"

见父亲招手，骥子走到小箱子前。骥子对父亲诗稿倍加珍视。从箧中取出，小心翼翼递给父亲。杜甫将近作取了几首递给朱山人，自己则慢慢翻检去年诗作。

"《江上值水如海势聊短述》，好题目！……此篇与我读过的诗兴味大是不同，谁说儒士不能狂？孔子说，狂者进取。狂得好，狂得好。"

朱山人细读此诗:

> 为人性僻耽佳句,语不惊人死不休。老去诗篇浑漫与,春来花鸟莫深愁。新添水槛供垂钓,故着浮槎替入舟。焉得思如陶谢手,令渠述作与同游。

骥子则想起父亲常提到曾祖杜审言的诗。杜审言是咸亨元年(670)进士,与李峤、崔融、苏味道合称"文章四友",性情极是飞扬。苏味道做天官侍郎时,杜审言去写判词,出去对人说:"苏味道必死。"众人很吃惊,追问原因。他说:"他见到我写的判词,那就应该羞死了。"笑话讲得抑扬顿挫,狂态则是一以贯之。杜审言病重时,老朋友宋之问、武平一前去探望,他病得那样重,竟还要调侃朋友:"遭受造化小儿的折磨,还有什么可说的呢。只是我活着,就压过你们一头。现在我要死了,可惜啊,没有能代替我的人。"想到此处,骥子低头笑了笑,父亲"读书破万卷,下笔如有神"的口气,比起曾祖来,竟显得谦逊不少呢。

骥子也能背诵父亲写的很多文章，辞赋之外，他很喜欢《祭外祖祖母文》，因为讲的是先人的故事。杜甫的外祖母是义阳王李琮的女儿，嫁给了崔氏，在武后朝父亲被牵连下狱的时候，穿着布衣草鞋，往来送饭，时人称颂她勤孝。而她的兄弟李行芳与兄长李行远一同被流放后，武后又派人诛杀。年幼的行芳本在赦免之列，却抱着兄长请求代死，于是兄弟俩一同就戮。多么惊心动魄的家世啊，受这样的祖辈的影响，杜氏的子孙，其实是颇有狂态烈心的。

朱山人看着神色肃穆的骥子："郎君家两个孩子聪明伶俐，也该教他们写诗了。"

"自然，他们还要读书，先熟读文选，再作不迟。"

朱山人又是一声好："《江亭》一首，'水流心不竞，云在意俱迟'二句，颇有王中允的味道。"

王中允就是名满天下的大诗人王维。至德二载（757），杜甫做左拾遗的短暂时光里，与同僚多有唱和。安史之乱之后，王维因被迫受伪职定罪，杜甫又写了《奉赠王中允维》安慰他。长安陷落时，王维来不及追随玄宗入蜀，被贼军抓获。为了不失节从贼，他服药导致痢疾，又假装哑病，却因诗名太大为安禄山看重，被送到洛阳普施寺里关了起来，强授了官职。杜甫为王维鸣不平："共传收庾信，不比得陈琳。一病缘明主，三年独此心。"他将王维的陷于贼中，比作南北朝时的庾信不忘故国，说他并不像三国时的陈琳投降曹操，甘心为曹操所用。

想起故人，杜甫不免叹息："乾元元年（758）秋，我在华州的时候，曾到蓝田寻崔季重，兼欲访王中允，可惜却没有见到。"

这是草堂的好时日，衣食无忧，春日渐暖，杜甫又有新朋友可以谈诗，这都可以使人暂时忘却中原依然有战事的烦扰。只是偶尔想起那些旧友，心内仍不免荡起一丝涟漪。

目极伤神谁为携

金华山屈曲蜿蜒。站在山巅，只见山水连绵，天地空阔，可登高的心情却和往常不同。远处一只孤鹤在碧空里，枝上乌鸦啊啊而鸣，好像饥饿啼哭向人索食。

杜甫道："不知那只鹤，可是陈公的旧相识？"

今日天气颇佳，让人感受到冬日的可爱，天色湛蓝，金华观的楼阁台榭就像是浸在柔暖的日光中。杜甫这一年多，从成都往绵州，由绵州往梓州，此次从梓州到射洪县，是特意来拜谒陈子昂读书故地的。来时所乘小舟系在绝壁之下，扶着手杖沿曲折山道登览。山路回环，川流峡谷时隐时现。阳光映射之下，雪岭一片惨白，鸿雁在霜天中哀鸣。与前殿香烟缭绕的热闹相比，此处一片凄凉。

"走吧，山风厉害，不宜久伫。"同行的老人名叫李明甫，人称李四丈，虽然比杜甫还要年长多岁，却精神饱满，行动利落，颇有豪气，不输壮年男子。

"此风似欲送我。如陈公那样的雄才，也不得伸展壮志。料想山川云日间，必有英灵之气为他叹息。"

陈子昂字伯玉，梓州射洪人，是唐初的著名诗人。他最有名的诗作，便是那首千古传诵的《登幽州台歌》。陈子昂早年以豪家子的身份驰侠使气，十七八未知书，后读书于金华山后梧岗山，于睿宗文明元年（684）二十四岁中进士，不可不谓早达。因为得到武则天的赏识，任麟台正字，擢为右拾遗。然而他进谏得太多，反见摈斥，济世之志难申，不得已以文学传世。尤为令人叹惋的是，他辞官回乡后为县令段简陷害入狱，在牢中忧愤而卒，时年不过四十一岁。

读书台石柱倾倚，遍布青苔，杜甫抚着石柱

道："以雄才壮心而终濩落，岂止陈拾遗一人。只是陈公毕竟为乡贤，为何读书旧迹不见修缮？"

李明甫道："乡里倒是不时有人来拜祭，只是每次说到重修，不免有父老以陈公得遇于天后，以为不宜，事情便耽搁下来了。"李明甫此言确是后世对陈子昂为人的争议所在。有人因他在武周时期为官而斥为"真无忌惮之小人"，乃至对杜甫的盛赞陈子昂颇为不满，以为"子昂之忠义，忠义于武氏者也，其为唐之小人无疑也"，下语极为严厉。

杜甫摇了摇头："人以国士待我，我则应奋不顾身，以国士报之，陈公认为天后为非常之主，认为当时为非常之时，报答知遇之恩，这怎么能说是他的过失。"

杜甫夏日到绵州的时候，曾托将要到梓州上任的李使君，到射洪县代他一洒痛泪，凭吊陈子昂："遇害陈公殒，于今蜀道怜。君行射洪县，为我一潜然。"如今自己到了射洪，特意乘船到金华山脚下，扶杖登临，来访读书台。

念及此，杜甫不觉吟起陈子昂《感遇》诗中的一首："玄天幽且默，群议曷嚣嚣。圣人教犹在，世运久陵夷。一绳将何系，忧醉不能持。去去行采芝，勿为尘所欺。"

李明甫看了看日色："东七里山下，陈公故宅尚存，明日可去拜谒。过午天气渐冷，你我这就下山去，我家中藏有上好的春酒，碧绿可爱，在射洪那可是大大的有名。"

"好，好，如此深秋，春酒方是佳配。多谢丈人了。"

两人一行说着，一行扶杖向山下走去。

此时是宝应元年（762）的十一月，杜甫来到射洪县拜谒陈子昂遗迹。然而此行并非只是一时游兴，而是避难中的排遣。这要从去年上元二年（761）说起。去年十二月，老朋友严武升任兼管东西两川的节度使。在友人的照应下，草堂的日子越来越好。到了今年春夏，杜甫和严武的往来也频繁起来，严武常常自备酒筵来草堂拜访，二人的关系十分融洽。严武曾劝他再次出山，杜甫虽然以性情疏懒婉拒了，但毕竟在他心中种下了回长安的希望。

只是这一年发生太多事情了。这一年是上元三年，四月，软禁在太极宫一年零十个月的唐玄宗崩于神龙殿，享年七十八岁。此前肃宗因病已数月不能上朝。他做太子时最宠爱的张良娣后来成了张皇后，张皇后原本想让自己的儿子得天下，于是与有拥戴之功的宦官李辅国互为援手。然而李辅国专权日久，张皇后反而受到挟制，因此嫌隙渐生。张皇后见肃宗病重，召见太子李豫，希望借太子的刀除掉李辅国。李豫倒是个孝子，考虑到父亲病重，擅行诛戮只怕会惊吓到他，请求缓行。张皇后急于成事，又召来原本就衔恨李辅国的越王李系，李系一口应下，便从太监中选了二百个身体强健的，决定行事。

然而李辅国却有自己的内线，太监程元振将此事密报给他。二人带着党羽，先将奉命入宫的太子关押在飞龙殿，又假传太子之令，让禁军抓捕越王李系等。张皇后慌忙中逃入肃宗的寝宫长生殿避祸。谁知李辅国竟带兵直入寝宫，将哀求肃宗救命的张皇后拖出宫去。肃宗病中惊惧交加，当天崩于长生殿，享年五十二岁。

肃宗死后，李辅国勒死张皇后，又杀了越王李系、兖王李偲，扶太子李豫即位，史称代宗。杜甫曾在诗中将李辅国比作从腐草中飞出的萤火虫，"幸因腐草出，敢近太阳飞"，不知何时才能了此祸端。

一月之间死了两个皇帝，震惊天下。从安史之乱开始，杜甫数年奔走，幸得草堂栖息。本以为可以安安稳稳做个野老乡民，没想到蜀中竟也不安稳。前一年，也就是上元二年（761）春，梓州刺史段子璋反叛。段子璋骁勇善战，本来追随玄宗入蜀有功，东川节度使李奂却认为他桀骜不驯，建议朝廷派人替换他。段子璋一怒起兵，陷遂州、绵州，自称梁王，改元黄龙，以绵州为龙安府。不久后，西川节度使崔光远与东川节度使李奂合兵，平复了段子璋的叛乱。尽管平叛的时间很短，却也折损了不少将士。

今年代宗即位，六月召严武入朝。杜甫对严武的感情和寄予的希望非同一般，执意要送行，一直送到绵州奉济驿，两人才拱手相别。不料偏偏在这个时候，有人在成都发动了叛乱，严武因为乱兵阻隔出不了剑门，杜甫也回不了成都了。

徐知道原本是成都少尹兼侍御史，趁着严武奉诏还朝、成都空虚的机会，他将这位前任上司的官衔都加在自己的身上，自称成都尹兼御史中丞剑南节度使。他联合了西南的番族，派兵占领了剑门关，把援军阻挡在剑门关之外。虽然徐知道作乱不及一月，就被部下李忠厚所杀，可是乱兵难以收拾，蜀中的道路也不太平了。

想到这里，杜甫长叹一声："什么时候才能重新回到太平时日？"

李明甫劝慰道："乱兵化为匪寇，毕竟不能久长，安稳是旦暮间的事。"

"我阻在绵州的时候，遇到了绵谷尉何君。修草堂的时候，我还向何君要过桤木苗，种在草堂周围，如今已有林荫可蔽，可惜暂时回不去了。对了，何君是长安人，那时正料理行囊准备回故都，我心里十分羡慕，安得白云载我，得归帝乡。"

"那郎君为何到了梓州呢？"

"当时汉中王在梓州，我以诗相呈，得他慨然允诺，于是前往梓州安身。"

汉中王李瑀是汝阳王李琎的弟弟。汝阳王为玄宗长兄让皇帝李宪之子，与杜甫是诗酒之交，汉中王自然也与杜甫相熟。俱过知天命之年，且故人情在，因此杜甫寄诗给汉中王示意后，便离开绵州来到了梓州。

"记得经过光禄坂的时候，落日沿绝壁西下，群山尽赤，树有鸟鸣而四下无人。惊了马坠于谷中还是小事，更要时时提防风吹草动处埋伏有弓箭。唉，徐知道手下的乱军已经散为山贼，路途之上盗匪横行。想想开元年间，我游吴越，虽万里行路也不须持兵刃。"

"唉，辛苦路途，风尘之外复有烽烟。我蜀中父老何以遭此祸乱？"

"是啊，蜀中父老何辜，天下百姓何辜。梓州羁旅，原想过买舟而下，终未成行。去留之际，值秋日寂寥，往往终宵不得一寐。梓州到射洪不过百余里，不久前将家人接到了梓州，也没了后顾之忧。既然回不了成都，更回不了长安，不如亲自来一趟射洪，拜谒陈公遗迹。"

李明甫为人爽朗好客，回到家中，不一会儿工夫，春酒时蔬都端了上来。杜甫与他初识，得他如此相待，十分感动。酒过数巡，听屋檐上栖息的乌鸦啼叫，李明甫晃着两颊酒晕道："乌啼则好事将近，说不定明日有消息传来。君须再饮一杯。"

杜甫持杯一饮而尽，笑道："昔年宋临川王闻乌夜啼，次日遇赦，认为是吉兆。丈人殷勤留客，丈人屋上的乌鸦，也像丈人一般殷勤。"

杜甫所说的是南朝宋的临川王刘义庆，他是宋武帝刘裕之侄，袭封临川王，有《世说新语》《幽明录》传世。宋文帝元嘉十七年（440），彭城王刘义康谪为江州刺史，出镇豫章，经过江州的时候与原任江州刺史刘义庆相见而哭。宋文帝要召刘义庆追究，义庆十分害怕。家中妓妾夜闻乌鸦啼叫，认为明日当遇赦。果然，次日朝廷命他为南兖州刺史，并未因此获罪。

李明甫让小童给杜甫再斟满，自己慢慢加了些菜，问道："君念念不忘浣花溪的草堂，想必烟景清幽，没被世尘污染。"

杜甫："我去年沿着江畔寻花，今年春日，在钓矶边发现几株楸树，贻人馨香，不忍看它们飘飞。门外鸬鹚，有人嫌聒噪，但有这样热闹的朋侣，日日相过，倒也不寂寞。唉，我那草堂无人收拾，只恐秋草比人还要高了。"

"此前便久闻诗名，不知可有什么咏草堂的篇什？"

"倒是有一篇。去年八月，飘风若狂，先是折断我门前二百年的楠树，没几日又卷去屋顶新铺的几重茅草。挂在林梢沉入塘坳的不说，原有些茅草可以捡回来的，没想到此时呼啦啦来了一群南村的顽童，比那山匪跑得还快，看我拄着手杖要捡茅草，就你一堆我一把抱了就走。他们看我年老无力追赶不上，真个大摇大摆公然行盗匪劫掠之事。啊呀呀，任我这个老头子喊得唇干舌燥，人家嘻嘻跳跃，也不理会。"

李明甫忍俊不禁："君对这群顽童，形容得倒是可亲。"

"哈哈，村中孩子，也就顽劣到这地步了。风住雨起，晚上屋漏床湿没有干燥的地方，布被睡得太久，被小儿一脚蹬破一块。"这首《茅屋为秋风所破歌》着实记得生动：

没想到此时呼啦啦来了一群南村的顽童，比山匪跑得还快，你一堆我一把抱了茅草就走。

八月秋高风怒号，卷我屋上三重茅。茅飞度江洒江郊，高者挂罥长林梢，下者飘转沉塘坳。南村群童欺我老无力，忍能对面为盗贼。公然抱茅入竹去，唇焦口燥呼不得，归来倚杖自叹息。俄顷风定云墨色，秋天漠漠向昏黑。布衾多年冷似铁，骄儿恶卧踏里裂。床头屋漏无干处，雨脚如麻未断绝。自经丧乱少睡眠，长夜沾湿何由彻。安得广厦千万间，大庇天下寒士俱欢颜，风雨不动安如山。呜呼！何时眼前突兀见此屋，吾庐独破受冻死亦足。

　　李明甫听罢，怔怔片刻，默默念着最后一句，然后把酒杯里的酒一饮而尽，叹到："郎君对细物有情，对人更是不能忘情，真是诗人之眼，诗人之心。"

　　杜甫望着窗外寒枝："草堂当日有些许不尽如意的地方，现在想来，却是事事可亲。"说到这里，他已有一些醉意："陈公的不幸，是忠言不被采纳，正直却被怀疑，这固然是士人的不幸。可我近年常常想，年华晼晚，平生寥落，乃一身之事，未必他人共悲；时事艰危，投荒厌乱，世途处处歌行路之难，人如游釜之鱼，则恐不免天下同慨。丈人，何时才有安宁时日啊？"

　　李明甫也答不出。屋上寒鸦已眠，只听到晚风萧萧飒飒。

浣花溪里花饶笑

桨声到处，溪水漾开，荷叶还没有全枯，还有几枝晚结的莲蓬。三五不成行的鹅群也像游人一样，时游时止。小船过时，一只大白鹅忽地伸长颈子啄去，杜颖啊呀一声，把拍着船舷的手缩回舟中。

杜占笑不可仰，手中船桨险些掉落到水中："阿兄莫怕，这是自家的鹅，你多住几日相熟了，便不咬你了。"

杜颖久居中原，不谙水性，见弟弟杜占大笑带得小舟晃晃悠悠，连忙扶住船桨："莫笑莫笑，秋水已凉，落到江里可不是闹着玩的。"

杜占道："怕什么，草堂药材齐备，兄长从梓州还带回来不少。两副汤药下去，便可无恙。"

杜颖道："未必未必，小心为上，站稳啦。"

"沿溪已游完了浣花村，咱们回家去吧。"

兄弟三人登岸，杜占赶着鸭群鹅群，排成数列，嘎嘎前行，向草堂方向走去。杜颖看着，觉得有趣："你带的这左右羽林军甚是齐整，想来操练人马教演武艺，十分不易。"

杜占笑着把鹅鸭赶到路边给村人让路："这些鹅可是大有来头。房公在汉州做刺史时，凿了西湖，养了许多鹅，鹅又生了许多鹅，兄长避乱梓州，曾陪着汉州王刺史去过西湖。见那一群群小鹅黄绒绒地十分可爱，咏道'鹅儿黄似酒，对酒爱新鹅'，王刺史便送了一笼小鹅。如今养得这么大，倒真是我一人之力。"

杜颖道："那你从今可称杜司鹅了。"

说笑间，一个老农迎面大笑："大伙都问你家郎君，杜员外何时回来，杜郎君只推不知。我家酿得好菊花酒，近日已熟，要来喝个痛快才是。"

杜甫停下脚步，与老农聊了几句，今年收成不错，家里又添了丁口，老农自是十分欣喜。他苦邀杜甫去家中，听说杜家兄弟不远数千里来探望亲人，忙问路途是否平安。

杜甫与四个弟弟杜颖、杜观、杜丰、杜占以及嫁给韦氏的妹妹感情很好，在诗里提过多次。杜颖开元年间曾任临邑主簿，天宝四载（745）杜甫陪李邕游历下亭时，曾转道临邑看望过他。安史之乱起，杜甫得知杜颖逃到平阴，于是便作了《得舍弟消息》二首，有"近有平阴信，遥怜舍弟存"的句子，这里的舍弟，指的就是杜颖。乾元元年（758）冬末，杜甫从华州回东都，又收到杜颖来信，又有《忆弟》二首。没想到广德二年（764）的这个秋天，杜颖竟不远数千里，从山东齐州跋山涉水来到蜀中，到成都探望长兄一家。

听闻乱平之后，大州小县也不免有许多人烟断绝处，老农嗟叹不已："啊呀啊呀，一路烟尘烽火，难为杜主簿了。家人团聚，哪能没有酒，这样，一会儿我让小儿把酒送到员外家中，你们兄弟晚上好好喝上几坛。"

杜甫推辞道："老丈太费心。"话音未落，老农已回身疾走，扭头还跟杜占说："郎君，今日家宴可得多饮几杯！"

杜颖笑道："兄长在这浣花村中大受欢迎，难怪这样留恋。"

杜占道："阿兄不知道缘由，此老感念兄长帮了他家大忙。上元二年冬旱甚剧，严郑公（严武）从绵州刺史转为成都尹，兄长写了篇《说旱》，劝他解决拖而不决的案件、减轻赋税、爱老敬老，其中提到两川留侍父母的丁男，依然要服役，缴纳赋税，难以养亲。没想到不久严郑公便放了一批军士回家，让他们回来养亲务农。老丈的大儿子，就是飞骑军中的弓弩手，常年在军中。这一回来，可算救了这一大家子啦！"

杜甫见杜颖看向自己，摆了摆手："我只是呈了篇文，能有现在的结果，乃是严郑公的宽厚，不是我的功劳。"

杜占道："村邻何人不称赞严郑公是好官？但也知道兄长呈文之力，何必过谦。那日恰逢春社，闹闹哄哄一群人中，老丈不由分说抓起你的袖子，拉到他家，酒喝了一瓶又一瓶，最后端上瓦盆盛酒。我那时真想看看，再喝一会儿，会不会把酒缸也搬上来。"

杜占拉着杜颖的手臂："从卯时喝到酉时，兄长几次起身要回家，老丈就这么拉着不放。问他今天喝了多少酒啦，他倒生起气来，说，要多少有多少，杜拾遗只管喝，还叫家人把果子栗子都拿出来下酒。"

到了傍晚，红日渐没，江边水气杂着炊烟，远远望去，倒似浣花村生在云中一般。

虽有朱山人在座，更似寻常家宴。日落后西边天幕转暗，余一层清冷的金光压在一片郁蓝之下。草堂厅中，几人灯下初呈醉颜，朱山人絮絮而语："去年令弟回来收拾草堂的时候，斛斯六官再三道，我有好酒待杜拾遗归来，可惜他没能等到你回来……"

"前日路过斛斯融旧宅，房舍破旧，池塘荒草丛生，一时竟以为失迷路途。听闻他的妻儿已去他乡另谋生计，旧交零落，零落至此啊！"

杜甫这句感慨不只是为酒友斛斯融而发。老友苏源明、郑虔这一二年先后离世，天下失去两位硕儒，而他失去的更是能怜惜他的故交。虽然在郑虔贬谪之初，彼此已知道老迈之人不免死于谪所，然而到噩耗传来之时，杜甫仍觉悲痛不已。

朱山人唏嘘片晌，见杜占赶忙斟了盏酒劝饮，转道："郎君的诗，我已抄录得差不多了，底稿近日便可交还。《闻官军收河南河北》，倒是少见的快意。"

朱山人说起去年几场大捷，喜悦之情溢于言表："雍王殿下去年十月收复洛阳，一战即杀敌六万余，俘虏两万。就算还有安禄山旧部精锐，又何足道哉！"

当今天子去年即位，十月，命长子雍王李适为天下兵马元帅，以仆固怀恩为副元帅，集诸道节度军及回纥兵马共十万，征讨叛军。此时的叛军首领已经是史朝义。和安氏父子一样，史思明称帝后日益昏聩，和儿子史朝义关系不睦。上元二年（761）春，史朝义与部将合谋，先发制人，勒死史思明。宝应元年（762）十月洛阳一战，史朝义出逃河北。代宗十一月下诏："洛阳和河南、河北接受伪官的，都不加追究。"本来就左右摇摆的人心，自然有了决断。代宗为人与其父不太一样，起复了不少在肃宗朝遭贬谪的官员，汉州刺史房琯任刑部尚书，岳州司马贾至任尚书左丞，严武任黄门侍郎。

朱山人吟道："'剑外忽传收蓟北，初闻涕泪满衣裳。却看妻子愁何在，漫卷诗书喜欲狂。白日放歌须纵酒，青春作伴好还乡。即从巴峡穿巫峡，便下襄阳向洛阳。'君远游多年，有回乡之念，而快意如此。若不是草堂佳景，怕你就不回来啦！"

这一年正月，众叛亲离的史朝义自缢于温泉栅，安史之乱至此落幕。杜甫闻讯大喜，于是作了《闻官军收河南河北》，一洗多年忧患，又一次产生了回到东都洛阳的念头。

杜甫想到这一年春天，眼看朋友一个个离去，而自己举家滞留梓州，一身怅望。老友高适已成了剑南西川节度使，练兵蜀中。然而吐蕃军队渐逼京畿，高适领兵牵制吐蕃，无功而返，致使松、维等州失陷。代宗只得再派严武入蜀。

杜甫得知严武再度执掌西川，大喜过望，沿峡而下的计划暂时搁置。这年春天带着家人从阆州回到成都，等待老友归来。近十年杜甫辗转山河间，与家人几度失散。遭遇乱兵，身陷孤城，脱身朝天，重返长安之后再度离去，乃至弃官远走秦州，后来又来到蜀中……梗泛萍漂，其中艰危，非太平时日生活的人可想可知。三月，严武启奏任命杜甫为节度参谋、检校工部员外郎，赐绯鱼袋。后世之所以称杜甫为杜工部，正是因此而来。

吐蕃入寇，松、维、保三城失陷，成都悬危。为了将吐蕃逐出西山，以保蜀境百姓安居，以保国都长安无虞，严武秣马厉兵，七月来到西山军城布局，其间作了《军城早秋》一诗寄与杜甫："昨夜秋风入汉关，朔云边月满西山。更催飞将追骄虏，莫遣沙场匹马还。"诗语雄豪，且诗中言道，初到西山便旗开得胜，无怪乎九月能大捷拔下当狗城，立下赫赫战功。

严武确有治军才干，但他在两川穷极奢靡，赏赐无度，即使天府之国也被征敛殆尽。且其人一贯我行我素，于他有提携之恩的房琯贬到手下做刺史，他也倨不为礼，甚为时人所非。只是有他在，吐蕃不敢犯境，这一点已足称功业。

杜甫视严武为世交，更为知己，然而知己一旦做了宾主，高下异势，有时有心扶持反而使在下位者为难。自己已过知天命之年，而依然只能沉沦下僚做一个参谋，一早要与一众同僚同到府中晋谒，已是辛苦。而小十余岁的朋友成了自己的幕主，身份忽然变异，心情更加微妙。严武虽然狂荡，对他倒还宽和，称得上格外优礼。只是同僚之间，年轻气盛者有之，心高气傲者有之，不免因幕主严武对这样一个貌不惊人的老者殷勤殊礼而有微词。对于自幼心高志大的杜甫而言，而今老病依人已是难堪，曾因严武回到蜀中的欢喜和燃起的希望慢慢消散。

杜颖忽然问道："兄长近来有什么得意之作？"

"倒是有一首《宿府》：'清秋幕府井梧寒，独宿江城蜡炬残。永夜角声悲自语，中天月色好谁看。风尘荏苒音书绝，关塞萧条行路难。已忍伶俜十年事，强移栖息一枝安。'"吟完此诗，杜甫突然沉默了。久别重逢的兄弟在座，虽有许多怅惘，却说不出口。

他那日住在府中，秋日种在井栏边的梧桐犹觉阴冷，蜡烛烧残，深夜听到画角悲声，不由自语，如此好的天心明月，又有谁同看。音信断绝，关塞萧条，战乱中想踏上旅程太难了。十年漂泊忍了多少苦痛，如今的处境，也不过是庄子笔下的鹪鹩，暂借一枝安身而已。

思绪飘然回到一月前。回草堂休假之前，那一日杜甫在衙门处理完公务回到家中，入门时步履迟缓，转身看到老妻杨氏神色忧虑，加快脚步走到她面前："无妨，今日坐的时间不久。"自己近年久坐则下肢麻痹，头晕目眩，杨氏每每为此忧心。小女儿从妻子身后转出，小小少女，拂云眉画得精致，已不是当年眉毛画得乱七八糟的小孩子了。女儿问道："阿爷可好些了？没犯头风吧？"杜甫温声道："不曾，今日好多了。过了盛夏，天气凉爽，身体好了不少。"

他听着妻女的絮絮叨叨，心中一软，又是一片黯然。幕府规矩甚严，自己每日忙忙碌碌，却只见石阶上新的青苔不断长出来，没做什么，已到斜阳时候。虽然时当乱世，严武现在因吐蕃战事镇蜀，可终有复归太平的时候。这位郑国公将来必要回朝中鼎鼐调羹，不会久居成都。而自己呢，又没有名牵利绕，小小官职做得倒像个隐者，只怕浣花溪旁的秋花会笑话我吧。

他偶尔想起游吴越的青春，恍如一梦。那自矜"七龄思即壮，开口咏凤凰"的青年，与满头白发的多病老者，似乎日渐相背。那一日府中宴饮，红烛高照，人人笑语盈盈。杜甫越喝越觉烦闷，忽然大踏步走上前，脱袜赤足，踩到了严武的案桌上。众人惊得屏息不动，看着他对这位故交新主说道："没想到严挺之还有这样的儿子。"严武酒酣耳热，兴致正高，杜甫此番作为实在出乎他的意料。严挺之是严武的父亲，古人对人子称人父名，迹近羞辱。二人本就有宾主的名分，何况严武专恣，杀梓州刺史章彝也不过谈笑间，他的虎须岂是寻常僚属敢捋的。一时酒筵之上鸦雀无声，不知道下一刻是否就要见到血溅当场。严武看着杜甫，面色变幻不定，良久才说道："这不是杜审言的孙子吗？"杜审言的狂傲尽人皆知，有孙如此，不为不肖。众人愣了片刻，哄堂大笑，各自举杯劝饮，把刚才一瞬间的杀气、怒气、尴尬、恐惧通通遮掩过去。

严武的不以为忤，让众人对杜甫在府中的特殊身份有所顾忌，却也让杜甫的处境更为尴尬。在这样不上不下的关系中，消磨时日而无寸功，他暗暗想着："我应该回到草堂去了。"

杜甫看着弟弟，低头默想："何日是归年啊。"

为客无时了

　　昨晚江上响了一夜雷，扰人清眠，今早夔州便觉春寒侵衣，比昨日又冷了几分。杜甫一早从赤甲的新居出发，去往瀼西。他记得与曹十九有约，要早去早回。道上行人寥寥，倒是一群白鹭忽呀呀飞过，落入江中捕鱼，很是热闹。转眼橘林已到，杜甫小心翼翼地翻下鞍鞯，摸摸老马的脑袋，让它在橘树下觅食，自己踩着春泥前行。

　　橘林经过几日清理，已脱了杂草丛生的野气。信步林径，举头四望，忽然瞥见西面两棵树上，几枚黄灿灿的橘子藏在枝叶间。橘子秋日成熟，冬日贮存，春日枝头见得少。杜甫有几分惊喜："竟还有这么大的橘子，不知可还能吃么？"便抬手去摘。右臂近年常常觉得麻痹，阴雨天更觉难以举动，只好换了左手。一，二，三……橘子一一装入青麻布袋中，杜甫拿起一枚端详，用手指破开，拈出一瓣放入口中。

永泰元年（765）初，因为俗务纷扰，杜甫萌生了终老草堂的念头，于是辞掉严武幕僚的职务，回到浣花村修整草堂，打算余生就做一个老农。然而热肠终不能久冷，他还是念着两京，念着故园，甚至怀着一丝入朝的念头。到了这一年的夏天，杜甫终于还是离开了成都草堂，沿江东下，想经汉水绕荆襄回到长安。

然而八九月到达云安县的时候，舟行劳顿，兼受水气，因此旧疾复发。肺病与消渴症同时发作，不得已暂滞云安，卧床养病。直至去年，也就是大历元年（766）春，病体方觉稍稍好了一些。可是云安是个偏僻的小地方，生活不便，他便举家迁到了夔州继续养病。夔州在瞿塘峡附近，大名鼎鼎的白帝古城便在它的东南处。

这一病，原本的计划都被打乱了。且不说回到长安是否可能，恐怕年过半百，精力已衰，行路艰难，冬日病作时竟至于要以保全性命为上了。只是所携旅费有限，中途病重，久滞峡中，一家人的生活又拮据起来。夔州较云安地广，但地势高峻，兼有瘴疠，不甚宜居。好在杜甫有郎官的任命在身，又有些诗名，颇得地方官长照拂。因为当地环境恶劣，事情繁杂，杜甫又雇了几个獠奴照料家事。所谓獠奴，即是做家仆的獠人，这是汉人对南方蛮人的称呼。他们中很多人没有名字，男人叫阿暮、阿段，女人叫阿夷、阿等，不过是排行罢了。杜甫所雇的獠人中，就有这么一个阿段。

云安和夔州虽然临江，吃水却不容易。杜甫移居夔州之后，起初住在山麓西阁。夔州山间乱石峥嵘，无处凿井。但此地山民用竹筒节节相连引山泉水下来，竹筒长有数百丈，十分壮观。这样接筒引水至厨下，不用再像在云安那样买水，颇为便利。只是便利的设施也很容易被损毁，一天，郡人争水，在竹筒上做了手脚，家中断了水。杜甫有消渴症，口渴难耐。阿段见状，独自上山寻找新的泉源。到三更天，杜甫一家突然听到竹筒中响起了水声。山泉滴滴沥沥，顺竹筒流下。阿段孤身一人，竟真的引了泉水下来。那日熊儿——已长成少年，有了大名叫宗文——大为惊异："山中那么多虎豹，阿段竟能来去自如，长安城游侠儿那么多，没有比得过阿段的！"

竹筒损毁的事不止一次。夏日炎炎，竹筒被山石压坏，獠人信行不声不响地冒着酷暑上山更换，往返四十里，晒得头脸通红。信行性格安静，茹素持斋，是个虔诚的佛教徒，在一众獠人中颇显得奇异。那一次他上山修竹筒，一整日未进粒米，直到傍晚方才回来。杜甫感动不已，连呼老妻杨氏："快把胡饼拿来。"那是他最喜欢的面食。杨氏取来胡饼后，杜甫亲手掰好，递给信行。

前几日信行、阿段去看瀼西的新居。是的，刚从西阁搬到赤甲不久，杜甫又要搬家了，为的是靠近这片橘林。回来时，一向少言少语的信行对杜甫说，瀼西草堂附近有个无夫无儿的妇人，日子过得很苦，有时摘些四邻屋外的果子充饥。杜甫心下恻然，想起曾经见到的巫山女子，因战乱贫困，多

夏日炎炎，竹筒被山石压坏，獠人信行不声不响地冒着酷暑
上山更换。

有四五十岁尚未出阁的，还要像男子一样做一些工作，讨一份生活。他道："让她扑些枣子果子又何妨。"信行点了点头，施礼而去。

"獠人虽为仆役，而赤子之心不失。就是当日不修好竹筒于他们亦无碍，不过是怜我衰年多病罢了。"杜甫不知道，獠人们因他不以夷狄相待，对他也另眼相看。除了阿段、信行，男仆还有伯夷、辛秀，女仆则有阿稽。夔州多山，山多猛兽，夔人往往在住所四周立竹木做篱笆。到了夏天，杜甫在西阁时为防虎患，让他们上山伐木。约好每人一天砍四棵树，清晨几个獠人吃饱了上山，正午就可以完成，山下还备有一壶清酒。仁厚的汉人主家未必没有，但肯分饼相啖、持酒相候的却不多。

经冬历春，这剩下的橘子水分不失，倒是人多见老。有时恍惚间觉得长安城遥若隔世，琐事撑起一天天的生活，却也觉得充实。

去年秋日，某次与夔州城群公饮酒，杜甫喝得大醉，自谓衰颜因酒转红，大概人也还能如壮年时一般骑射。于是信马由缰，纵马城郊。不料老马失足，竟将杜甫从马鞍上摔了下来，让他好一阵伏枕将养。而城中来来往往看望他的人，每天都有，他还要勉强被搀扶着拄杖迎送。

那一日，门前嘈杂声渐渐平息，杜甫拄着手杖缓缓迈进门来，宗文快步走上前扶住父亲的左臂，埋怨："又不是不知道阿爷受伤的缘故，各个来看时还要故意问。"骥子如今叫宗武了，放下手中活计，微微摇了摇头，跟在父兄身后，想帮着哥哥扶父亲到榻上歇息。

院中一只刚刚长成的雄鸡，朱冠峨峨，羽毛五色鲜明，排开竹门的缝隙，不紧不慢踱到一畦辟好的菜地上啄食。这块菜地种的是莴苣，杜甫花了很多心思。宗文宗武锄地播种，可惜莴苣没冒出几根苗，倒是野苋菜长得生机勃勃。

阿稷眼尖，大叫："鸡跑出来了！"霎时一阵鸡飞人喊，阿段脚快，大步上前，一把薅住了正欲飞上屋檐的雄鸡。

这些春天孵出的小鸡，已能独自觅食。这些年杜甫的风痹症愈发严重，四肢麻木，走动往往要人搀扶。医书上说乌鸡能治风痹，于是便连母带雏养了近五十只。这几十只鸡养在院子里，飞上案桌打翻盘子，弄得一片狼藉。只好催促宗文带着几个獠人砍竹子做鸡舍，不时修补，严加看管。

"又乱飞，又吃虫，虫子哪里得罪你啦？明天就去集市卖了你！"阿段倒提着越狱雄鸡，教训了几句，丢回鸡舍。

冬日上任的夔州都督柏茂琳又是故人。柏茂琳原是严武手下的邛州牙将，在成都幕府时，杜甫和他曾有交往。严武死后，柏茂琳又做了继任郭英乂（yì）的部将，与严武另一旧部崔旰相攻战。不久郭英乂被杀，部将混战，一时蜀中乱起。而朝廷任命的剑南西川节度使杜鸿渐，不但不敢问罪，反而请求朝廷任命崔旰为节度使。适逢吐蕃入侵，朝中无暇顾及蜀中乱局，只得让崔旰做了成都尹、西川节度行军司马，柏茂琳等为各州刺史，换他们一个鸣金收兵。

柏茂琳来到夔州，就请杜甫草拟谢表，构作颂诗，同他一起宴饮阅兵，以增加自己的声望。他不但分月俸给杜甫，而且把一座瀼西草堂新居，以及四十亩橘园赠与杜甫。此外，还给了杜甫一个检校东屯百顷公田的差使，负责察看屯田的情形，倒与工部员外郎的官职相称。

杜甫因此得到了调养的机会，身体渐渐觉得好转。但身居一隅，始终不能忘怀的，依然是朝廷和民生。柏茂琳是照应他的人，却也是令朝廷头痛、不能节制的诸将之一。正是这些将领，外不能御敌怀远，内不能屯田自给，却交战互攻，骄纵不臣，才有如今的狼狈局面。吐蕃入寇的烟尘未熄，借兵回纥留下的隐患，也已隐隐窥到。"胡虏入关，前有安禄山，后有吐蕃，焚毁之事不绝。国朝宫阙，汉家陵墓，俱不能保。若能得良材守住泾渭，何至于此！诸将不可不引以为戒！"然而他所能做的，也只有将这些记入诗中。

他不能不想起严武，虽然在严幕中有过些许不快，但严武驻守一日，西川便得安宁一日。可惜如此军功卓著文采风流的雄才，竟于去年春日溘然而逝，终年不过三十九岁。故交旧主，从此永别。这天下不如意的事，实在是太多了。

杜甫在夔州住了一年了，他对此地有过些"形胜有余风土恶"的不满，既因毒热久旱，也因民风。但夔州与白帝城相连，这一年中尤其酷暑难耐之时，他常往白帝城去。杜甫对诸葛亮一向推崇备至，在成都时就拜谒过武侯祠，写出过"出师未捷身先死，长使英雄泪满襟"的句子。白帝古城孔明庙前的老柏，枝如青铜，根如坚石，皮带霜气，滑可溜雨，黛色参天，又常使他想起成都先主庙、武侯祠前的柏树。更想起刘备、诸葛亮君臣际会，于是又有一番感慨。

去年重阳节登高，他直觉老病新愁，忍泪看他人重复年少时的乐趣。他记起那些不眠之夜，想到亲友因战乱星散，连封信也收不到。尤其是五弟杜丰，三四年来杳无音信。西阁地势高且空旷，花窗前漫步，但见一道白光，却是一颗流星划过水面。他一直伫立到月落余晖，水边沙滩一片空澄。

他的秋宵思绪很多。秋日鱼龙蛰伏，秋江寂寞，去年秋夜，每每北望，回想起在长安城的种种经历。长安政局多变，生未百年，所历之事已足悲哀。王侯府邸，文武衣冠，都非往日。近年来吐蕃、回纥相继入寇……前尘渐息，转觉出太平时日每一天的难得。经过这些劫难，甚至困居长安那十年的点点滴滴，都有令人怀念之处。他想起蓬莱宫，前对南山，西眺瑶池，东瞰函关，气象巍峨轩敞。他因献三赋被召，见过玄宗。玄宗于每月朔望上朝宣政殿，为显示肃穆庄严的气派，在宫殿两厢备有羽扇。玄宗出来时，羽扇遮挡着他的容貌。等待玄宗坐定，才打开羽扇，让众臣瞻仰。杜甫依然记得羽扇如浮云一样排开，阳光照到玄宗的那一瞬间，这种回忆，让他神游回了开元天宝盛时。

他想起盛时的曲江芙蓉园中，江头是宫殿，江中是彩舟，黄鹄之举若围，白鸥之游忽起。他又想起昆明池。昆明池是汉元狩三年（前120）汉武帝开凿的，一为训练水军备战昆明国，一为弥补长安水源不足。长安城的人对昆明池的景致了如指掌，比如池边两个石人东西相望，如牵牛织女，又比如玉石刻成的鲸鱼，传闻雷雨来时会大声鸣吼。武帝旌旗遗迹似在，可战乱过后的昆明池无人游赏，那些引动诗兴的名胜，只能在秋风中空负明月良宵。他好像看到莲蓬被冷露打湿，粉色的花瓣坠落；熟透的菰米落入水中漂浮着，黑压压一片，如沉下去的乌云。

昆明池水汉时功，武帝旌旗在眼中。织女
机丝虚月夜，石鲸鳞甲动秋风。波漂菰米沉云
黑，露冷莲房坠粉红。关塞极天唯鸟道，江湖
满地一渔翁。

《秋兴八首》其七

长安多么好啊，与岑参兄弟泛舟渼陂的日子，
像与神仙同游一样。如云子一样洁白的渼陂香稻，
在盛时连鹦鹉都吃不完。游春佳人如洛水之神，怎
能忘却那些自己笔下渲染过的山河气象……即使夔
州的日子过得安稳，又怎么能够不怀念长安？那里
有他的老宅，他的旧友，他的抱负，他的故国……

昆吾御宿自逶迤，紫阁峰阴入渼陂。香稻
啄余鹦鹉粒，碧梧栖老凤凰枝。佳人拾翠春相
问，仙侣同舟晚更移。彩笔昔游干气象，白头
吟望苦低垂。

《秋兴八首》其八

那日看着夕阳，高耸入云的关塞如在目前。

夔州与长安虽然风烟遥接，终是相隔万里。他想：
"只有飞鸟才能飞过去吧，而我漂泊江湖，今生回
不去了。"

多忧污桃源

　　舟行水上，如同行在图画里，两岸的树影迅速向后退去。不知不觉间，离潭州又远了十数里。

　　无风无浪时，船行得很稳，与平地无异。时值冬日，白天下了会儿细雨，有时能听到迎神的鼓声，或是几声弹丸破空的厉鸣——当地人喜好用弹弓打鸥鹭来烤了吃。

　　杜甫斜卧在小榻上，静静地看着宗武读《文选》。他的面容又苍老了几分，这几年右臂偏枯得愈发厉害，抱负之心已灰，好在宗武肯读书，有天分，给时常在病中的父亲一些慰藉。杜甫突然侧头听了一会儿，问道："江上有人吹笛弹琴么？"

　　前年，大历三年（758），从公安到岳阳途中，他曾听到过邻舟有人吹觱篥（bì lì）。觱篥又名悲笳、悲篥，乃是西域传来的乐器，声音悲咽慷慨，吹的又是塞外的曲子，本就有老柏枯桑、龙吟虎啸的气息。而那晚杜甫听时，正值积雪飞霜的冬夜，满耳风涛杂着觱篥呜咽之声，衰年听此，客思凄切。听不多时，老杜甚至想喝住吹觱篥的人，告诉他，你这曲中尽是天地间干戈不息的哀苦，固然绝妙，但你可知道这曲子让孤灯下的旅人，凄怆中又添一万重悲苦么？他写了一首《夜闻觱篥》：

夜闻觱篥沧江上，衰年侧耳情所向。邻舟一听多感伤，塞曲三更欻悲壮。积雪飞霜此夜寒，孤灯急管复风湍。君知天地干戈满，不见江湖行路难。

宗武茫然，侧耳听了一会儿，风声中似乎是夹着几缕异响，但辨不出是不是乐声。父亲这几年左耳已聋，大历二年（767）秋病重时失聪，狂风撼动户牖竟然一无所闻，直到见到树叶随大风簌落才惊觉，一度与人问答要以纸笔写出来。虽然右耳后来好了些，但老态一日重似一日。宗武不忍直言，道："是。"

杜甫喃喃道："好像又停了，或许是湘灵鼓瑟，子晋吹笙，故而缥缈如斯。我如今身患风疾，对乐理也很生疏了，不但奏不了弦管，听也听不真切了。把窗子打开，我看看。"

宗武依言打开窗。江面开阔，因为驶往汉阳，因而船停泊在东北震方，比起其他方向的船只，能更早见到参星。

杜甫稍稍起身，倚在案几上，迎风向窗外眺望。远处朦胧夜色中，红枫岸后是层层青山，茅屋在氤氲雾气中时隐时现。杜甫凝神看着这有些不真切的景色，问道："宗武啊，你还记得长安的样子吗？"

宗武对长安的印象已经很模糊了，拈来的尽是簌簌秋雨，一丛丛的黄花。他努力在旧忆和听闻中搜求，以安慰老父："记得。长安城的宏伟，见过就忘不掉。"

其实宗武回忆中的幼年常与饥寒二字联系在一起，但他并不觉得悲苦——母亲慈爱，兄弟相亲，对一个小孩子来说，衣食匮乏未必是最难过的事。长妹小时候又是那样的乖巧可爱。妹妹们……宗武睫毛晃动，悄悄看向父亲，父母晚年又得一女，很是宠爱，然而不久前幼妹夭折，只能葬在他乡。父亲久经离乱，晚岁又失去一个孩子，常自郁郁。宗武每日刻苦攻读，一是性好诗书，二是希望自己有所进益让老父开怀。

杜甫点点头："可惜开元全盛之日，你们未能见到。那才是盛世啊。"

大历二年（767）初冬，杜甫在夔州看了一场炫目惊心的剑器舞。舞者李十二娘，是开元年间最负盛名的公孙大娘的弟子，流落到此。杜甫想起幼年曾在偃师看过公孙大娘的浑脱舞。五十年啊……光阴如同翻掌一般倏然逝去，战尘弥漫天地，王室尚不能享太平，何况这些梨园弟子。他想起金粟堆南，玄宗陵寝墓木大约已能双手拱抱，而瞿塘峡口这座石城但见草木萧瑟。杜甫越看越觉悲凉，但见酒筵上觥筹交错，急管繁弦一曲至终，宾主人人醉饱谈笑，大约只有他一个人心绪不佳。

所见所感，杜甫都写进了诗里：

大历二年（767）初冬，杜甫在夔州看了一场炫目惊心的剑器舞。

昔有佳人公孙氏，一舞剑器动四方。观者如山色沮丧，天地为之久低昂。爧如羿射九日落，矫如群帝骖龙翔。来如雷霆收震怒，罢如江海凝清光。绛唇珠袖两寂寞，晚有弟子传芬芳。临颍美人在白帝，妙舞此曲神扬扬。与余问答既有以，感时抚事增惋伤。先帝侍女八千人，公孙剑器初第一。五十年间似反掌，风尘澒洞昏王室。梨园子弟散如烟，女乐余姿映寒日。金粟堆南木已拱，瞿唐石城草萧瑟。玳筵急管曲复终，乐极哀来月东出。老夫不知其所往，足茧荒山转愁疾。

《观公孙大娘弟子舞剑器行》

散席之后，杜甫独自在荒山中行走，片刻迷惘，乃不知身处何地。足茧让他走得很慢，这夜半途中，似有猛虎相随，而满心愁闷，让他竟然无所畏惧了。他回到了瀼西家中，依然睡不着。峡口猿声忽响，急促哀甚。北斗星似乎要垂入江水，一轮明月照亮夜空。

这一年秋冬，有新米鲜橘可食，日子过得颇安稳，常人大概会这样住下去。可杜甫无论会友还是独坐，登楼或是赴宴，都会勾起身世之悲、家国之感。他决定离开。他想搬到江陵去，尤其是听闻弟弟杜观把家眷都接到了江陵后，离意更加决绝。

大历三年（768）春，杜甫举家离开夔州。虽然曾对这片橘园投注过无数心血，但他仍觉此地不可久居了。

行前有些事要料理清楚。去年，堂舅崔卿翁暂代夔州刺史，他便在冬天写了首诗，请求修整武侯庙中残坏的孔明像。这个春天，他将四十亩橘园赠给了朋友南卿兄，又写诗劝友人不要树篱笆，以免吓到那个无食无儿偶来扑枣充饥的邻妇。

然而江陵居住未久便觉告贷艰难，此地并没有柏茂琳那样豪爽的故人。他又暂时在公安小住，旅居岳阳后到了潭州，再赴衡州。路途艰难世乱邦危，兼之造化苦人，想要投奔的或不可倚或遽而亡，他又回到潭州，在频繁的会友中经冬历春。

杜甫凝神看了会儿江景，咳嗽两声，杨氏连忙起身要关窗。杜甫道："肺热正要北风吹一吹才好。若能下雪更好。在岳阳的时候想不到地气如此炎热，十月还要穿单衣摇扇，时有震雷暴雨，倒像是中州六七月的光景。去年冬日才知道湘中也有如此大雪。舟顶积雪甚厚，竟不闻打篷之声。雪又与北地大为不同，飘落之时兼有落叶随风而舞。又因雨湿，不见六出之形。"

世道仍不太平。吐蕃打来又被击退，泸州刺史杨子琳叛，湖南兵马使臧玠叛，蜀中湘中战尘迭起，杜甫携家逃往衡州避乱，又溯流而上，想到郴州投奔舅父崔伟。途径耒阳县方田驿，恰遇上江水暴涨，杜甫一家只得在江边停泊了五天。水流激荡似无边际，行不得便，止不得食。

耒阳县聂令闻知，致信问讯，又让人送来白酒烤牛肉，解了杜甫一家的困境。杜甫后来曾去耒阳县拜访过聂令，写了一首诗送他，诗题很长：《聂耒阳以仆阻水，书致酒肉，疗饥荒江，诗得代怀，兴尽本韵。至县，呈聂令。陆路去方田驿四十里，舟行一日，时属江涨，泊于方田》。以诗赞美他的家世才望，感谢他的厚意深心。这原是风雅的事，没想到竟被一些好事者编排出杜甫因暴食卒于耒阳的传说来，令后人想起老杜，便是穷困潦倒的模样。

几经周折，杜甫一家回到了潭州。但他秋天又于病中启程，想要到汉阳、到祖籍襄阳去。

离开长安之后，以衣食故羁旅他乡，年复一年，杜甫早已厌倦。每次在一地安顿下来意欲久居甚至终老，总会出现变故。或是乏人援手，或是战尘兀起，在湖南还有耐不了的酷热。更重要的，正如他离开夔州的原因，是战乱之后的触目伤怀。就算真有桃源胜境，恐怕自己这燃不熄的家国之思，也要将桃源染污了。

"相去千里，不知几日能到襄阳？宗武啊，我们到了之后，要先去看当阳君的纪绩碑。"杜甫想起此行的目的地，想起远祖伟绩，忽觉兴味勃勃然，计划起到襄阳之后游览的次序来。当阳君杜预，杜甫每每引以自傲，且将这份骄傲传给了儿女。或许想为自己留下后世声名是杜氏的家族性格，开启家族荣光的杜预，曾做过一件记入史册颇为子孙称道的事。杜预常常引用《诗经·小雅》中"高岸为谷，深谷为陵"两句。高山变为深谷，深谷变为丘陵，山川亦会改易，世事变迁如此，但他以为身后名足可以抗衡时间流逝带来的变动。于是刻成两块石碑，记录下自己的勋绩，一块沉到万山之下，一块立于岘山之上，说："谁知道这两个地方以后不会是山陵和深谷呢？"

宗武见父亲展颜，也笑道："父亲常道，万山北的王粲故居，今天还有遗存。咱们也要去看的。"

"极好极好。到了那里，我就效渔父，寄迹短椽茅屋，每日扶杖而出，看着儿孙抱瓮灌园。"

杜甫的声音渐渐低了下去。这位中国文学史上堪称最伟大的诗人，不久后在舟中离世。

杜甫
生平简表

●◎唐睿宗景云三年〔712〕

_____

生于河南巩县。

●◎唐玄宗开元五年〔717〕

_____

六岁。居河南郾城，观公孙大娘舞《剑器浑脱》。

●◎开元十九年〔731〕

_____

二十岁。游吴越。

●◎开元二十三年（735）

二十四岁。自吴越归洛阳，赴京兆贡举，不第。

●◎开元二十四年（736）

二十五岁。游齐赵。

●◎天宝三载（744）

三十三岁。于洛阳初遇李白。秋，与李白、高适同游梁宋。

●◎天宝四载（745）

三十四岁。在兖州与李白同游。冬自洛阳往长安。

●◎天宝十载（751）

四十岁。在长安。进三大礼赋。玄宗命待制集贤院。

●◎天宝十三载（744）

四十三岁。在长安。进《封西岳赋》《雕赋》。秋雨为害，携家往奉先。

●◎天宝十四载（755）

四十四岁。安禄山反。在长安。十月，授右卫率府胄曹参军。十一月，赴奉先探妻子，丧幼子。

●◎唐肃宗至德元载（756）

四十五岁。玄宗奔蜀。安禄山称大燕皇帝。肃宗于灵武即位。杜甫奔赴肃宗行在途中为乱军所得，押至长安。

●◎至德二载（757）

四十六岁。安庆绪杀禄山。郭子仪光复洛阳。四月自金光门出，间道窜归凤翔。五月十六日，拜左拾遗。因上疏救房琯，肃宗诏三司推问，张镐、韦陟等救之。

●◎ 乾元元年（758）

四十七岁。史思明反。六月，出为华州司功参军。

●◎ 乾元二年（759）

四十八岁。春，自东都归华州，途中作三吏、三别。七月弃官西去赴秦州。年底至成都，寓居浣花溪寺。

●◎ 上元元年（760）

四十九岁。在成都。筑草堂。秋，至蜀州见高适。

●◎ 唐代宗宝应元年（762）

五十一岁。玄宗、肃宗先后驾崩。七月，送严武还朝至绵州。遇徐知道反，避入梓州。秋末，回成都迎家人至梓州。十一月，往射洪县访陈子昂遗迹。

●◎ 广德元年（763）

五十二岁。闻官军收河南河北，有还长安之念。

●◎广德二年（764）

五十三岁。因严武镇蜀，改归成都。严武上表请为节度参谋，检校工部员外郎，赐绯鱼袋。

●◎永泰元年（765）

五十四岁。正月辞幕府归草堂。五月，携家离草堂南下。九月，至云安，因病留居水阁调养。

●◎大历元年（766）

五十五岁。暮春移居夔州。

●◎大历二年（767）

五十六岁。在夔州。弟观自京师来。十月十九日，在夔州别驾元持宅观李十二娘舞剑器。

●◎大历三年（768）

五十七岁。正月去夔出峡。三月，至江陵。秋末移居公安，又移居衡州。

● ◎ 大历四年（769）

_____

五十八岁。经岳州至衡州，往返衡州潭州等地。

● ◎ 大历五年（770）

_____

五十九岁。四月，避乱入衡州。在耒阳为水所阻，旬日不得食。欲归长安，卒于湘江舟中。